南懷瑾文化

說不盡的南懷瑾

查旭東／著

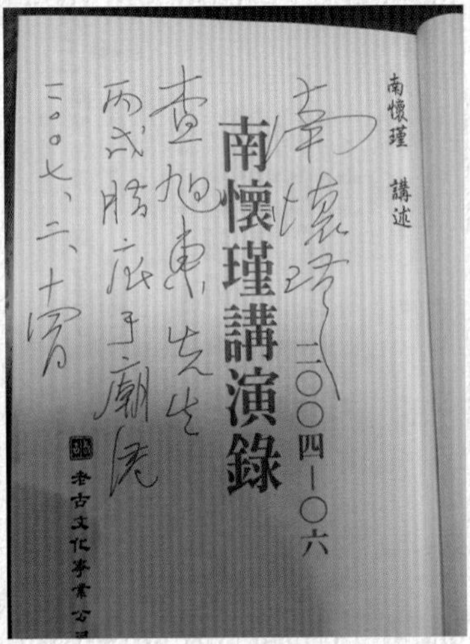

上圖：作者與南師在太湖大學堂一號樓合影

下圖：作者珍藏的南師著述

上圖：南師的辦公桌
下圖：太湖大學堂會議室一角

上圖：太湖大學堂部分建築
左圖：南師創設的太湖大學堂成為政府部門「文物保護單位」
右圖：老太廟文化廣場作為「江蘇省對台交流基地」

上圖：南師題字「太湖浦江源國家水利風景區」與趙樸初先生題字「太湖禪林」遙相呼應

下圖：代表七都鎮文化標示的雕塑

作者與登琨艷先生向南
師匯報老太廟設計方案

上圖：首屆「七都孝賢」為老太廟文化廣場培土奠基
下圖：建設中的老太廟文化廣場

上圖：建設中的老太廟文化廣場
下圖：宛在水中央的老太廟外觀

老太廟文化廣場一隅

上圖：太湖群學書院外景
下圖：設於懷軒的「南懷瑾學術研究會」

上圖：太湖國學講壇永久舉辦地——太湖大講堂
下圖：首屆太湖國學講壇「大度看世界，從容過生活」

上圖：第二屆太湖國學講壇「孝為先」
下圖：第三屆太湖國學講壇「信為本」

上圖：南公堤

下圖：南公堤上的南師語錄牌

上圖：作者與宗性法師合影
下圖：南師為南普陀寺籌資捐建的禪堂

上圖：作者探望南師長子南宋釧於溫州家中
下圖：作者與南師次子南小舜合影於井虹禪寺

上圖：作者尋訪樂清殿后村
南師祖宅附近的靈獅石屏

下圖：老太廟全景空拍圖

出版說明

二〇一〇年的九月廿日，晚餐前，七都廟港的沈遠林先生，陪著一位青年一樣的客人，前來太湖大學堂，拜訪南師懷瑾先生。介紹之下，原來是新到任的七都書記查旭東先生。

晚餐桌上，查書記對南師說民風，談見聞，說理想，談工作，流露出的是熱誠又理性，令人印象深刻。南師則頻頻點頭稱許。

查書記一行離去後，南師說，這是一個正直而且有見解的人，不落俗套。地方有這樣的官員，我們有福了，這也是國家之福。

在南師生前走後的六七年中，查書記親歷了一切，他的正派守法又通情的處理和作為，在他所寫的這本書中，隨處可見。書中除了忠實描述與南師交往的種種一切外，更顯露了對南師的深深情感，書中言辭行文更真切自然，引人入勝。

這是一本另外角度談南師的書，讀者有福了。

劉雨虹 記

二〇一六年十二月 耶誕夜

目錄

三、不老的「老頑童」

四、中國的南懷瑾

五、傳統文化的力量

六、出世入世的教導

七、音容宛在　師道常存

前言 南師與七都

七都（廟港），太湖之濱的一個江南小鎮，古稱「儒林里」。這裡漊港縱橫、湖泊眾多，風光秀麗、物產豐饒；這裡是全國的光電纜基地，在區域及行業內小有名氣。但真正讓外界記住此地的，是這位世紀老人：中華優秀傳統文化的傳播者、文化大師南懷瑾先生。他人生最後的六年定居於此，他創辦太湖大學堂，結廬授課、湖畔講學，成就了一段人文佳話。

七都是幸運的，能吸引到這樣的文化大家；七都的百姓是幸福的，可以與大師比鄰而居。七都也因南師而改變了氣質、轉變著民風。而我，作為七都的一名地方官員，無疑是其中一個幸福的代表，因為工作之便，我得以與南師近距離交往數載，蒙受他老人家的關懷和教導，受益匪淺。

南師離開我們三年多了，時間真是個可怕的東西，會讓一些寶貴的記憶變得支離，或受主觀情感的影響而日漸模糊。

我突然意識到，是時候寫下點什麼了，為了對南師的懷念，為了繼續無師依怙的人生旅程，也為了給後來者留存一份耳濡目染的曾經。

南師一生輾轉多地，書劍飄零，受教者無數，堪稱傳奇。有人說他是當代孔子，有人說他堪為帝師，他的道德文章，時間和歷史自有公論。而南師的〈狂言十二辭〉，或可看作是他給自己的一個總結：

以亦仙亦佛之才　處半人半鬼之世
治不古不今之學　當談玄實用之間
具俠義宿儒之行　入無賴學者之林
挾王霸縱橫之術　居乞士隱淪之位
譽之則尊如菩薩　毀之則貶為蟊賊
書空咄咄悲人我　弭劫無方喚奈何

我才疏學淺，無意也無資格評點南師的學問道德，但作為一段歷史的親歷者和見證人，感念南師的人生終站與七都結緣，無論在個人感情，還是從歷史責任的角度，都不能再偷懶、緘默下去。如實地描述這段與南師交集的歲月，記錄南師晚年的言行教化，或可有助於大家換個角度，去瞭解一個真實生活的南師，一個平凡而又不凡的南師。

知易行難。願望有了，滿腦子縈繞的記憶片段歷歷在目，卻無從下筆。左思右想，首要的是盡可能還原記憶，記錄客觀事實，若表述不當，誤人害己，罪莫大焉。反正不管何日寫成，至少要把資料先積累好。

為表達對南師的恭敬，我特地拿出珍藏的二〇一二年南師題名相贈的「悅心」筆記本，用來記錄所有與南師相關的點點滴滴，這也可以說是一本「大事記」。我想，與其空白收藏，不如物盡其用，南師天上有知，也會同意我這樣做的。

文字非我專長，但我可以保證的是：這裡所記述的，都是我親身所見所聞，也力爭以平實的言語筆觸來表述。因我對南師的恭敬之心，始終如一！

二〇一五年十月下旬的一個晚上，我和往常一樣，來到太湖邊的淨名蘭若，看望劉雨虹老師，並報告「南師逝世三週年紀念活動」的一些安排。

南師走後，儘量多抽時間去看望、請益劉雨虹老師，已經成了我工作之餘的一個習慣。席間，劉老師突然發話：「你和馬宏達（按：南師生前最後一任祕書）等人也應該寫點東西了，就寫你們所認識的南老師。」我雖然已有此想法，但還覺得資料積累不夠，加之公務繁雜和自己的惰性，就有些拖拉。冷不丁被劉老師的話一激，心想：或許劉老師正是看透了我的心思，怕我偷懶。而她又看到網路、書攤上各種版本，關於南師的文章、書籍真假莫辨、以訛傳訛的東西太多，確實需要長期親近南師的人留下些真實客觀的文字、聲音，澄清誤傳，以正視聽。

劉老師以九十五歲的高齡，仍筆耕不輟，並以微博、筆記等形式，繼續整理南師書稿，讓我們這些後生晚輩汗顏。我想，壓力可以轉化為動力，這大概就是劉老師對我的棒喝吧。

這些題外話，是我真實的心路歷程，先向大家交代清楚。

查旭東

二〇一五年十月三十日

一、魂歸太湖

時間定格在二〇一二年九月二十九日（農曆壬辰年八月十四日）十六時二十六分，一代鴻儒、國學巨擘——南懷瑾先生，在他自己創辦的太湖大學堂一號樓的居所辭世，享年九十五歲。噩耗傳開，無數人悲慟。

悼念辭文

當晚六點半時左右，時任中國國務院總理的溫家寶先生發來唁電：

驚悉懷瑾先生仙逝，深表哀悼。先生一生為弘揚中華文化不遺餘力，令人景仰，切盼先生學術事業在中華大地繼續傳承。謹向先生親屬表示慰問。

——溫家寶　二〇一二年九月廿九日

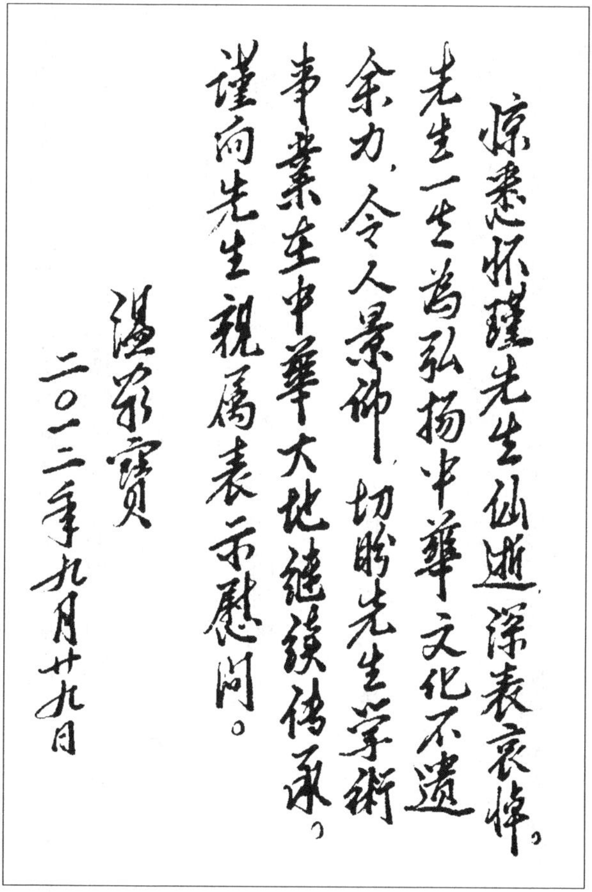

惊悉怀瑾先生仙逝，深表哀悼。先生一生為弘揚中華文化不遺余力，令人景仰。切盼先生學術事業在中華大地繼續傳承。謹向先生親屬表示慰問。

溫家寶

二○一二年九月廿九日

溫家寶先生所書唁電

這可能是南師身後，中國官方給予的最早、也是最高的評價。

二〇一二年九月三十日（農曆壬辰年中秋夜），南師遺體的荼毗儀式在太湖大學堂舉行，由成都文殊院方丈宗性法師舉火。十月五日，南師親屬、學生代表，共同拾取南師靈骨舍利。值得一提的是，在這些珍貴的舍利中，南師留下了完整的頭骨舍利、潔白的舌根舍利。按佛家之言，這說明南師生前所弘揚的是正法。

大師仙去，魂歸太湖，正應了雪竇禪師的那兩句詩：

太湖三萬六千頃　月在波心說向誰

而我，作為南師辭世地的一個地方官員，在悲痛中，在做好份內的協調、溝通和服務工作的同時，必須接受這樣一個殘酷的事實：南師已經永遠地離開了我們！

九月三十日的午後，荼毗儀式前，我回到辦公室寫下兩幅輓聯，以寄託對南師深切的悼念和緬懷，分別以七都鎮黨委、政府和個人名義送去太湖大學堂。

悼念南懷瑾先生：

才比仲尼德功昭日月

心似佛祖光華耀千秋

——中共七都鎮黨委、七都鎮人民政府敬輓

憶南師：

弘佛法　興國學　太老師言傳身教

悲天下　憫世人　南仙翁身體力行

——後學　查旭東泣拜　壬辰年秋

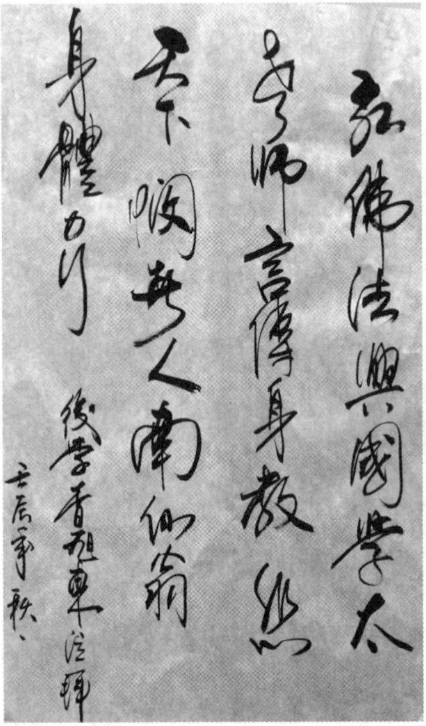
作者所書輓聯

這可能是離太湖大學堂最近、最基層的官方組織和官員，心目中對南師所留印象的寫照。

二〇一二年十月十九日，太湖大學堂七號樓，吳江市委、市政府組織舉行吳江各界「南懷瑾先生追思會」上，我壓抑著悲痛，表達了自己對南師深深的不捨和追思（見附錄一）。

永遠的缺憾

隨著南師離去，一個永久的缺憾刻上心頭，成為無法磨滅的印記。時至今日，我依舊不能原諒自己！那就是：我沒能在二〇一二年的九月十四日，與南師見最後一面。

記得那天中午時分，突然接到太湖大學堂傳來的消息，希望地方政府幫助協調當地醫院，調派一輛醫用救護車，送南師去上海的醫院作一次身體檢查。雖然電話中只說南師偶染風寒，並無大礙，但這樣的情況卻是第一次發生，我本該有所警覺……彼時，我正在單位接待幾位上訪的群眾，無法抽身，就將此事交辦給了單位同事，自己未及趕去大學堂看望、送行。

此後數日，南師在上海就醫，我也因工作牽絆遲遲未能去看望他老人家。又想著南師應該不日即可回來，去大學堂看望慰問更好些，想他平時太忙太累了，或許正想趁著這段時間在醫院裡躲個清淨，還是不要打擾的好。期間，雖然一直保持著與馬宏達先生的電話、信息聯繫，萬沒料到，待十九日南師返回太湖大學堂時已在定中，就更不能打擾了……誰知這樣一個疏忽轉念，竟成了我此生無法彌補的缺憾。

三夢南師

「日有所思，夜有所夢」。南師離世後，我曾經三次夢到南師，他老人家一如往常，親切溫暖慈祥。

夢境一：太湖大學堂某處空地。雪後，月夜，大地銀裝素裹，周圍靜穆肅然。南師一襲白色中式練功服，正在雪地中打一套長拳，時而伏地，時而騰挪，體態輕盈，身手矯健。畫面停留在南師騰空旋踢的一剎那。

夢境二：某處室內會客區。我在外間等候見南師，忽聞隔壁傳來南師熟悉爽朗的聲音。我尋聲望去，不見南師蹤影，遂失落回座。再一回頭，卻見南師端坐在旁，側臉看著我，微笑不語。

夢境三：浙江某火車站站台。南師與一眾學生，從一列老式的綠皮火車上下來，在站台拱手作別。南師說：「有誰願意陪我在這裡多住一個晚上？」站在旁邊的我欣然表態：「算我一個。」

……

午夜夢醒，淚濕衣襟。多希望南師的離去，只是一場夢境。

最後一份報告

南師精神和學問的境界，令我高山仰止，但這並不妨礙我與他進行有效的交流。我把發生在身邊的、工作中遇到的一些鮮活事例告訴他，以南師的智慧，他定能一斑窺全豹，從細小瑣碎的細節裡，瞭解到當前社會不同人物的生活和心態。而這或許正是我與南師交往的一大特色。

我曾經以玩笑的口吻對他說：「我和您說的都是真話、大實話，平時您聽不到的。」

南師略帶詫異地問：「這話怎麼講？」

我笑道：「因為我的身分特殊呀。首先您不是我的領導、上級；其次，以我這個層級的基層地方官，平素是沒有機會和您這樣的大家說上話的，我卻正好有這份榮幸。其他有機會接觸您的官員，大多離基層、一線較遠，雖然不想騙您，但可能他們所掌握的資料，本身就已經是被別人加工過了的，不能保證原汁原味，又怎麼能保證它的真實可靠。」

南師哈哈笑道：「你這傢伙真鬼，不過似乎有點道理。」這也正是南師的一個過人之處，總能與不同的人群建立起有效的對話管道。

二〇一二年七月中旬的一個黃昏，我從南京參加完江蘇省委黨校為期兩個月的鄉鎮書記培訓班，迫不急待地來到大學堂，向南師彙報自己此次學習的心得體會和逸聞趣事，同時，也想向南師當面表達謝意。

說來慚愧，作了南師兩年多的「免費旁聽生」，卻沒有認真交過一份書面報告。終於挨了南師的批評：「你不能光坐在這裡聽我講，也要發表一些自己的看法、想法，報告一下自己的學習情況。」

這是南師希望我學有長進，但我心裡沒底，覺得自己根基不深、學養不夠，寫不出什麼東西。就藉口說身在基層一線，雜務纏身，無法靜心寫作……其實，還是自己偷懶的心理在作怪。經不住南師的反覆催促和學長們的敲打提醒，我終於在培訓出發前向南師打了包票：「這次脫產培訓有兩個月時間，我一定交一篇作業出來向大家彙報。」

六月上旬，我在黨校學習期間，寫了〈讀《創業的國度》所想到的〉（見附錄二）一文，算是一稿二用交了「差」。考慮到南師的閱讀習慣，特意轉換成繁體字，發給了馬宏達先生，請他代為轉呈。只過了幾天，就收到馬先生的回覆：「你的文章，老師在課前已組織大家通讀了，老師給予了肯定評價」。我知道，南師的肯定，是對我終於動筆的鼓勵，南師也經常鼓勵我把自己在基層工作的實踐和思考寫下來。

這次見面，照例是在熱鬧的太湖大學堂六號樓餐廳——南師口中的「人民公社」食堂。像往常一樣，南師把我拉到他的座位旁邊，聽我介紹新近發生的鄉野趣事和學習期間的見聞。南師再一次肯定了我的這篇作業，還關切地詢問黨校裡、同學間有什麼反響。末了，我向他介紹，在黨校的內部書店裡，也可以看到他新近出版的書。他笑著點點頭。當我起身告別時，他特地把我送到餐廳的門口，囑咐我要常來，我欣然應承。豈料這一次，竟成了我和南師之間的最後一面，這篇文字，也就成了給南師看過的最後一份學習報告。

二、文化太廟

在大部分「南友」、「南粉」、「南迷」們心中，南師晚年創辦和定居的太湖大學堂，和南師一樣，也是個神祕的所在。

這個坐落於太湖之濱、佔地兩百八十二畝、由東向西橫向排開的建築群落，從GOOGLE地圖上俯瞰，布局獨特，清晰可辨。最醒目的中心草地上，一個巨大的八卦圖安然鋪展，這是大學堂內太湖國際實驗學校的學生們戶外活動的場所。按南師要求，這裡沒有鋪裝塑膠跑道之類的現代化運動設施，在接近自然原生的景觀地貌裡，錯落著一些由原木麻繩等組裝而成的遊戲裝置。

南師的決定

時隔四十五年之後的一九九四年，南師再次踏上祖國大陸的土地，是應妙湛長老之邀，在廈門南普陀寺主持著名的「南禪七日——生命科學與禪修實踐研究」，這相當於宣告了他重回大陸的決定。離開香港，選擇大陸何處定居，成了各方關注的焦點。對於某些常隨弟子的極力反對，南師毫不動搖。

早在一九九八年，南師寓居上海期間，就曾親臨太湖七都的廟港小鎮，現場踏勘，並最終確定在此落腳。南師曾說，好多人不理解他的這個選擇，認為此地又小又落後，交通和生活配套都有諸多不便。唯南師決定已下，旁人便也勸阻不了了。

在南師實地考察時，當時的吳江、廟港地方政府，特別是汝留根、史建榮等一眾地方官員，都表達了歡迎南師前來發展文化教育事業的真誠願望，並以非常優惠的條件和價格，將太湖南岸三百畝土地的使用權提供給南師辦學授業。由於該土地屬性為農科綜合用地，故南師先在地塊上註冊了東西精華農科（蘇州）有限公司，親任法人代表、董事長。在土地及房屋建設資金上，台商尹衍樑先生作了很大貢獻。

二〇〇〇年，滿是雜草、蘆葦的灘塗地開始動工了。土地建築的統籌、規劃、設計、督造等等，都是南師親自過問並拍板決定，無一處不蘊含投射著南師無價的智慧和心力。六年辛苦終有成，主體建築群於二〇〇六年正式投入使用。

南師做事的風格，嚴謹、規範、有序。建築落成後不久，即在原地註冊成立由南師個人獨資的「吳江太湖文化事業有限公司」，以此公司為母體，又先後設立了兩個下屬分支機構：「吳江太湖大學堂教育培訓中心」和「吳江太湖國際實驗學校」，分別展開對成人和孩子的教育實踐，南師是法人代表也是負責人。從此，「太湖大學堂」正式掛牌，南師也正式入住定居，開始了他人生最後六年的傳道、授業、解惑。

南師以耄耋高齡，踐履著數十年從未改變的重續文化斷層的願力，自始至終主導著這一事業，毫不懈怠，身體力行。南師一手締造了這一切，卻謙稱自己是「掛單」的。所謂「掛單」，是出家人的俗語，暫住借居之意。在南師看來，國家民族乃至人類的文化和教育大業，是天下為公、公天下的，非為個人稻粱謀。

南師與汝留根

前面提到，很多人不明白南師為何會選擇七都廟港，眾說紛紜的猜測裡，不乏有趣的戲說。

一九九九年前後，時任中共吳江市委書記的汝留根先生，是將南師作為招商引資（智）的對象，吸引來吳江落戶的第一人。汝書記在南師學生的引薦下，拜訪了寓居香港的南師。南師接過遞來的名片，抬頭笑道：「汝——留——根，看來你是要留我到你那兒去呀。」

大伙在說笑時，會講這個故事。倒是另有一理，被更多的人認同，那是在大學堂的餐桌上，南師自己談起的。一次，朱永新先生（按：中國民主促進會中央副主席、時任蘇州市副市長）拜訪南師時，提出疑問。南師笑著回答說：

「我住的地方叫廟港，太湖邊的廟港，不就是『太廟』嗎？這個地方，歷史上佛教儒學興盛，是一個文化中心，蘇州府、湖州府、嘉興府每年廟會時節都是要向當地進貢祭品的。可以說這裡是『中國文化的太廟』，是有文化淵源的地方。」

這番話，卻又引出了另一則南師與「太廟」有關的故事，使「文化太廟」的傳奇從太湖南岸的這個小鎮，流轉蔓延開去。

老太廟和十八畝地

二〇一〇年我由吳江市交通局長調任七都鎮黨委書記，到任後不久的中秋前夕的某天，我前去大學堂拜望。南師給我講了他所知道的七都廟港的歷史和典故，建議我多看看本地的鎮誌、地方誌，瞭解挖掘歷史，不要辜負了這片土地。

南師也談到了歷史上大廟港一帶河港眾多、寺廟興盛，史稱：「三十六漊、七十二港」，寺廟庵亭鱗次櫛比。其中最具代表性的，當數尚有遺存的「老太廟」舊址，它是沿太湖南岸的漁民，為了紀念邱老太爺一家三代造福一方的善舉而於元代初建的，後曾毀於戰火。一開始我並未在意，只當這是南師給我普及本地的一些人文知識，使我能夠儘快地融入。但後來聽南師講得多了，也就不敢再輕聽小看。

後面的故事，得先從「十八畝地」說起。

南師選址確定後，與當時的廟港鎮政府簽訂了供地協定，以東西精華農科（蘇州）有限公司的名義，取得太湖邊三百畝灘塗地的使用權，並付清了全部土地款。後因政府在相鄰的地塊上建設吳江第一水廠，佔用了其中的十八畝土地，卻無合適的地塊可以補償，此事就被擱置下來。歷經七都與廟港兩鎮合併，地方政府官員數任交替仍未解決，變成了一樁「懸案」。我這個新官上任，南師自然也少不得提醒幾句：「政府要講誠信啊，怎麼可以言而無信呢。」我雖在上級領導和相關部門的支持下，提出過若干解決方案，卻始終沒能讓南師滿意。

我捉摸不透南師的本意，已有的兩百八十二畝土地還有不少空間可以發展，南師卻念念不忘這十八畝，只是為了提醒政府要守信、作為嗎？我思來想去，把南師對老太廟一事的反覆開示聯繫起來，突然靈光一現，難道……？

二〇一一年九月的一天，南師又提及老太廟的時候，我向他表態說：「南老師，我們準備重建老太廟了。地址還在太湖大學堂的南面，就在原來的老廟原址邊上。」南師聞言非常開心，連說「好，好，好。」隨即在六號樓的餐桌旁，伸手招呼其他幾位大學堂的同仁聚攏來，說道：「你們幾個過來，馬上現場辦公，我有事要宣布。」

等一幫同學坐定，南師很正式地說：

「查書記剛才告訴我，七都政府決定要重建老太廟，我這裡宣布幾個事：一個是政府欠的十八畝土地，我們不要了，以後誰也不許再提了；再一個，登大師（按：登琨艷，台灣著名建築設計師）要幫助做好老太廟的義務設計工作。」說到這，南師扭過頭對我說：「你看，還需要我做什麼？」

意外的驚人之舉

我知道南師做事素來雷厲風行，可眼前這一幕，完全沒料到，足見此事在南師心中由來已久，不過是在等我表態罷了。我想了一下，便「得寸進尺」地說：「老師，這十八畝土地，能不能不說是『不要了』，而是說捐給老太廟了，否則我會有壓力的，別人會以為是我得罪了您，惹您生氣了。」

南師笑笑拍拍我的肩膀：「對，就是這個意思。」又說：「你看，我們地也捐了，還需要做點功德嗎？」

我說：「當然要的，錢不在多少，南老師和大學堂的各位學長一定要帶個頭的。」

南師爽快答應，當即表態他個人捐款一百萬元，並告訴在座的各位：「你們每個人都有份，不論多少，都要給老太廟做功德。」

就這樣，老太廟的第一份功德，是南師捐出的十八畝土地使用權和一百萬元，隨後，呂松濤、劉梅英夫婦捐款九十一萬元，李慈雄、蕭明瑾夫婦捐款九十萬元，劉雁平、李想母子捐款五十萬元，其他同仁學長各捐數千、數萬不等，一下子籌措了三百五十多萬元善款。

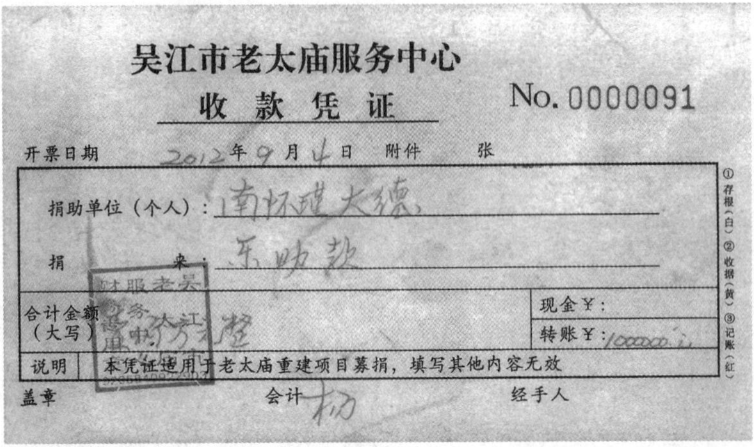

吴江市老太庙服务中心

收款凭证　No.0000091

开票日期 2012年9月4日 附件 张

捐助单位（个人）：南怀瑾大德

捐 来：乐助款

合计金额（大写）：壹佰万元整

现金￥：

转账￥：1000000.00

说明 本凭证适用于老太庙重建项目募捐，填写其他内容无效

盖章 会计 杨 经手人

①存根（白）②收据（黄）③记账（红）

茲收到

南懷瑾先生大德

樂助 土地拾捌畝

人民幣壹佰萬元

吳江市老太廟服務中心

壬辰年 西元二〇一二年九月四日

南師的捐贈

這時，南師也不忘提醒我一句：「你也要帶頭的。」還說：「對於善款，不在多少而在有心，一百萬、五百萬是功德，一元、五元也是功德。」

後來，我和我的同事們，也都捐出了一個月的工資。本地的企業家和群眾也紛紛響應，不到半年，重建老太廟的啟動資金已基本籌措到位。真沒想到事情的進展會如此順利，十八畝土地的歷史懸案也終於有了圓滿的結局。

更令我意外的是，沒過幾日，南師便託人給我捎來了他親筆題寫的「老太廟」和「吳泰伯」，說是提前為老太廟的匾額準備的。同時還捎給鎮統戰委員沈遠林一封信，是南師詳細講解「老太廟」、「吳泰伯」的含義和理由。一筆一字，都凝聚了南師對老太廟的重視和用心。

南師題字「老太廟」

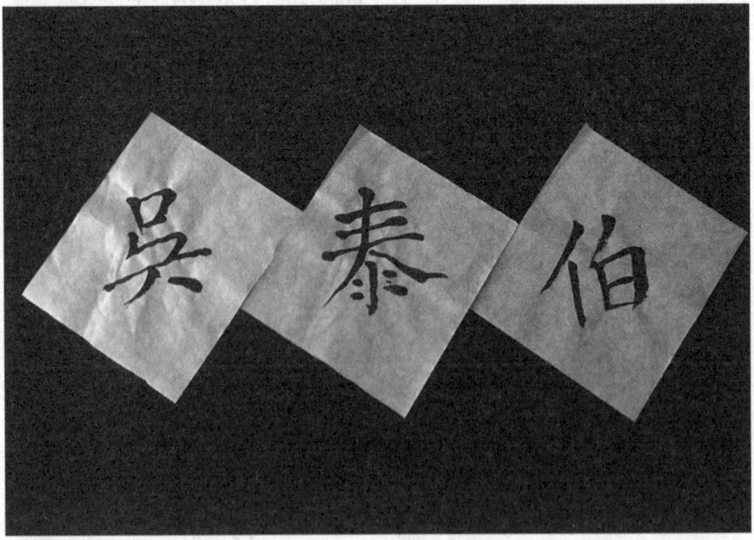

南師題字「吳泰伯」

沈遠林老弟：

我有幾句話吩咐你，作爲備忘錄。

你們七都鎮的同仁民們，想發起修「老太廟」，我眼睛視力雖然不行，趁現在勉強還可以，就趕快留下幾個字給你們備用。將來你們用不用我不管，但你們要求的，我都做到了，就了事了！

我寫的老太廟、吳泰伯，一個是泰山的「泰」，一個是太太的「太」。照舊習慣老太廟，用「泰」字。但是我告訴你，報呈或將來最好還是用老「太」廟，因爲用這個「太」，有多方面靈活的作用。老太廟也可說是吳國開國之君的吳泰伯，也可以說是邱老太，也可以說是國家文化的太廟、吳國文化的太廟，多方面都可以解釋，就比較圓滑多了。換句話說，包含多神，怎麼解釋都可以，意義圓融，對於老百姓，或上面認爲有知識的大老倌們，都可以用自由意志的解釋。

我老了，怕你們年輕不了解，所以吩咐給你們聽，至於你們怎麼用，就要聰明伶俐了。

二零一一年九月十四日　　九四老頑童　南懷瑾 口述

秘書室代筆

太湖大學堂
秘書室
Secretariat
Taihu Great Learning Center

記錄南師口述內容的信函

老太廟文化廣場

登先生的建築設計方案也很快出來了，二〇一二年三月十九日，登先生帶著專門製作的建築設計模型，我們一起去向南師作了彙報：一個外圓內方、粉牆黛瓦蘇式風格的江南廟院呼之欲出。巧妙的是，廟院主建築正好夾在兩河（本地稱為「港」）之間，港中有廟，廟中有港，正呼應了「廟港」的地名。更加巧合的是，地形圖列印出來，請設計單位一測量，廟基、廟前廣場和配屬的四合院加在一起，面積正好是十八畝。

南師看到設計模型，首先肯定了整體布局和建築風格，又仔細詢問內部功能布設，提出了改進意見，還強調要體現儒釋道三家合一的精髓，不僅滿足民眾的信仰需求，更要使之成為教化民眾、寓教於樂的文化場所，與弘揚本地的吳越文化、太湖文化相結合。當我彙報說，準備將整個建築群冠名為「老太廟文化廣場」時，南師說：「這個名稱好。」

從確定重建老太廟到正式開工建設，在半年左右的時間裡，有大量的前期準備工作，諸如：現場踏勘、施工設計、申報手續等等，一切按部就班地進行著，而我卻被一件事困擾：對於這樣一件南師如此重視，又對當地百姓意義深遠的善事，應該請什麼樣的人來作培土奠基的嘉賓呢？這是一個政府主導的文化項目，請出家人不太合適；但廣場裡的主要建築是寺廟，請政府官員也不合適；南師高齡，更不好意思請他老人家出馬。

聯繫起南師一貫的教化主旨，我終於想到了一個主題：南師接續傳承的是中華優秀傳統文化，我們作為地方政府，應該首先從實踐者的角度去落實。在現代社會形勢下，倡導孝賢文化，評選一批本地的孝子賢媳，結合表彰，邀請他們為老太廟開工奠基，既實在又有意義。帶著這個設想，我向南師請教妥當與否。南師當即大讚此舉的意義深遠，不亞於重建老太廟本身。

七都孝賢

首屆「七都孝賢」通過層層推選、考察、評比產生了，新聞媒體的文字報導和影像轉播，將他們的感人事蹟推送到了千家萬戶。二〇一二年九月四日，老太廟奠基開工儀式，南師派出自己的學生馬宏達先生代表他親至現場，致辭祝賀（見附錄三）。八名「七都孝賢」人物共同為老太廟開工培土。

二〇一三和二〇一四年的九月，結合老太廟文化廣場的二期、三期開工，我們連續評選了第二屆、第三屆的「七都孝賢」各八名，這是現代七都特有的「新二十四孝」。除了媒體的宣傳，我們還把這些孝賢人物的事蹟，編入了「太湖國學講壇」書系的《明月依舊》和《孝行天下》之中。與之相應，我們將「孝為先」確定為第二屆「太湖國學講壇」的主題，這也是與其他講壇不同的特色和亮點——傳承文化，知行合一，落在實處。評選孝賢人物的做法也得到了中宣部副部長、時任中央文明辦專職副主任王世明先生的肯定和贊許。

落成。斯人已去，但這個清雅樸素、沉潛大器的文化廣場，作為南師生前關注的最後一個文化項目，穩穩地佇立於太湖南岸，福澤一方、蔭庇後世。

二〇一五年九月二十九日，南師辭世三週年之際，老太廟文化廣場正式

三、不老的「老頑童」

南師是一九一八年生人，而我生於一九七〇年，年紀相差了半個世紀，他的孫輩可能還比我年長些，說我們是「忘年之交」一點也不過分。南師晚年，喜以「頑童」自稱，多見於他簽名題字的落款上。在與南師親近的時光裡，我常常被他「老頑童」的真性情所感染，沒有壓力和負擔，只有莫名的親切感，在活潑輕鬆的交流中，被南師潛移默化地影響著。

記憶力超凡

我初見南師，是二〇〇四年秋，太湖大學堂尚在建設，南師藉七都的一個酒店舉辦了「中國傳統文化與認知科學、生命科學、行為科學」專題研討會。那時的我，是一名隨行的機關幹部，對南師的認識也僅限於他的名字。

此後雖又見過幾次，但作為陪同人員，從未與南師單獨交流過。

二〇一〇年中秋節前，是我新調任七都後的第一次拜望。走近一號樓，見南師已經站在大門口等著了，我受寵若驚。後來得知，南師不輕易在一號樓會客，我得此禮遇，實在是南師出於對這「一方土地」和地方「父母官」的尊重。

賓主入座，南師習慣性地掏出香菸，遞給我一支。出於禮貌，我推讓了。南師卻說：「我們是老朋友了，不用客氣。你上次來不是抽菸的嗎？」聽聞此言，我吃了一驚。如果說我的身分背景，南師事先做了瞭解那是情理之中，但記得我抽菸這個小細節，卻真真意料之外。況且上次見南師在三年前，我是末座的一位隨從，當時覺得好玩，才接了南師遞來的香菸抽過。事隔那麼久，南師卻記得。

我珍藏在案頭的照片，就是那天拍的。按大學堂同仁所說，與南師單獨坐著留影的已不太多見，還各自夾著香菸，就更顯特別。此後與南師見面的次數越來越多，單獨合影卻再不曾有過。正是這張獨一無二的合照，成了我對南師念想的一個寄託。

羞愧呀羞愧

說起南師超凡的記憶力，有一件事令我慚愧不已。

二〇一二年五月四日晚，我陪同蘇州市級機關某位領導去拜訪南師，照例的吃飯聊天、贈書合影。當南師在一套《列子臆說》上題名時，我也提出要求，希望沾光：「南老師，見者有份，我也要一套。」南師答應了，卻在低頭簽字的同時，淡淡地說道：

「我知道，你們有些人啊，拿了我的書去當擺設、撐門面，卻從來也不看。」

南師聲音不高，卻明顯帶著批評的意味，似有所指。我當下無話，待回家站在書櫃前，一套《列子臆說》跳入眼簾，打開扉頁，驀見南師的簽名，落款時間是二〇一一年秋。是的，這書我從來沒看過！我呆坐在書桌前，羞愧萬分，也又一次被南師超凡的記憶力折服。從此以後，我便認真地研讀南師的書了。

當然，最凸顯南師驚人記憶力的，是他在講課、閒談時展現出來的廣博不可測的見聞學識。這也是得益於他從小在家塾裡閱讀和背誦的「童子功」吧。按南師的話說：「你們的書都擺在書架上了，而我的全印在腦子裡」、「十二歲以前是記憶的最佳年齡，我的大部分傳統經典文字的記憶，是在這個年齡段完成的」。

情人節的禮物

二〇一二年二月十四日，是西曆「情人節」。我下班後不自覺地來到了太湖大學堂，南師「人民公社」的飯桌邊照例人頭攢動，熱鬧不已。我對南師打趣道：

「南老師，今天是西方的『情人節』，這麼多人來陪您過節，您要送點禮物的。」

南師哈哈一笑，並不接話。其實在座的都知道，南師不大在意這些西式節日。

飯畢，南師繼續他的《成唯識論》研究和講解。等講課結束，也差不多晚上九點了，食堂照例準備了點心瓜果給大家當宵夜，這一天端上來的是鍋巴，香氣撲鼻。當我向南師告別時，他讓我稍等，說有東西送我。不一會，廚房的工作人員用食品袋裝了一份鍋巴遞到我面前，南師拍拍我的肩膀說：「謝謝你今天來看我，這個就當是我這個『老情人』送你的禮物了。」一句玩笑話，討來了南師的一份特殊禮物，帶回去與家人一道分享，唇齒留香，心裡更是溫暖。

過了幾日，翻看南師贈的台灣繁體字版《南懷瑾講演錄》，發現扉頁題字的落款日期是二〇〇七年二月十四日，彼時我還未到七都工作。所謂無巧不成書，所謂緣分天註定，大概就是這個意思吧。

從「父母官」到「小老弟」

從南師選定七都廟港，到他辭世的十二個年頭，地方上也經歷了鄉鎮合併、撤市設區等行政調整，與南師交集的地方官員不少。但陪伴南師走完人生最後一程的我，是最幸運的，用南普陀寺方丈則悟法師的話說，是「福報很大」。

剛開始，南師常以「父母官」來調侃我，用「齊家、治國」的修養觀念，來說明當地方官和管理一個地區的不易。我也會把日常工作的困惑，或者頗為自得的作為，告訴南師。他不厭其煩，常常是片言隻語，就讓我如醍醐灌頂、茅塞頓開，有一語驚醒夢中人的奇效。

南師挺願意聽我這個小小的「父母官」，講講政府或鄉野的瑣事，講講基層一線所遇到的種種，我知道他是為了更全面地瞭解這個時代的人事，瞭解正在巨變的社會人心。我也樂意在南師面前當個被解剖五臟的「麻雀」。

隨著越來越熟悉，我們彼此的稱呼也在改變，他對我從開始時的：「父母官」、「查書記」，慢慢變為直呼「查旭東」，繼而變成了「小老弟」。我對南師，則從開始時的「南先生」、「南老師」，到後來可以直呼「老師」了。有時我去了，就直接告訴南師，我是來蹭飯的，或是來躲避外面飯局應酬的。南師也不當我是外人，還親切地告訴大學堂的工作人員，以後我來不用通報，是一家人，享受「家人」待遇。

南師知道我公務繁雜、工作疲累，尤其是應酬多、喝酒多，就特別關心我的身體，看到我臉色不好、眼睛充血、舌苔發暗，會關切地詢問，讓人拿來他自備的中藥幫助調理，一再囑咐我要注意飲食冷熱。點點滴滴，都是暖流。

南師對我這個「小老弟」的關愛，還可以從一件小事上看出來。那是二〇一一年十一月十四日，我正出差趕往外地，途中收到南師囑咐宏達兄發來的短信，我保存至今：

「老師擔心你，因為你性急，求好心切，又應酬多酒，會傷肝，長期下去會妨礙健康。另外，聰明外露也會妨礙你，要收斂一點更有益。要學會裝笨，以免遭人忌。還要練習沉穩寧靜。你長處很多，琢磨後更了不起。」

南師講笑話

大學堂的飯堂就是南師的課堂，除了少數大課在大教室舉行，南師日常的講授就放在了飯後的餐桌邊。

當然，南師和大學堂的同仁們白天也都沒閒著，一號樓是南師的起居和辦公場所。給我印象最深的，是南師與常隨學生們共處一間大辦公室，南師坐在東南角，辦公桌也一樣大小。或整理前一天的講課內容，或為下一堂作準備，或接待來訪，或回覆信函……各自工作，有條不紊。看似平淡輕鬆，若不知情，很難體會其中的分量和繁雜。

我多數是在餐廳裡聽南師講課，寒來暑往，流動的是訪客和聽眾，不變的是南師的傳道和解惑。通常，正式課前先由部分同學彙報學習心得，南師點評指導，或嚴肅狀，或如春風。學習沉悶時，他會讓同學們講講自己經歷的笑話樂事，活動了腦筋，也調節了氣氛。

南師也會講好玩的故事給大家聽。抗戰時期，他在四川成都出入茶樓，對當地的飲食文化、方言土語印象深刻，用四川方言講笑話，別有一番趣味。「偷酒喝的故事」就是他從茶樓聽來的：

這故事說的是，一天，老和尚下山辦事，臨行特別交代三個徒弟，自己一罈珍藏多年的好酒要看好了，小心被人偷喝。等晚上老和尚辦完事回到寺廟，發現一罈美酒點滴不剩，全被喝光了。老和尚很生氣，把三個徒弟找來問，發現這三位滿身酒氣，卻並不慌張。見師父發問，三人依次作答。大師兄說：「阿彌陀佛（我沒偷喝）。」二師兄說：「我佛慈悲（我喝十杯）。」小和尚則說：「罪過罪過（醉過醉過）。」

聽南師用帶著浙江口音的四川方言，把三個小和尚的話講出來的時候，大家哈哈大笑。

南師常講的人進入老年的五個標誌，我也是印象深刻。

他說，當一個人具備以下五個特徵中的一個或多個時，說明他已經進入了老年狀態，歸納起來就是五句話：「躺下睡不著，坐著就睡了」；「當下記不住，少小全記得」；「好話聽不到，壞話全聽見」；「開心流眼淚，傷心反無淚」；「男女事，有想法沒辦法」。

笑樂之餘，回頭細想真是如此，這比單純的用年齡來劃分，更為科學合理。我們認為司空見慣或熟視無睹的現象，南師會指出關鍵，講出緣由，讓大家在輕鬆一笑中，開闊眼界，增長見識。所謂道不遠人，嬉笑怒罵皆學問，南師的教化方式就是這麼生動活潑，一點也不呆板拘泥。

跌倒的學問

有一次，他講到一個現象：成年人在清醒時跌倒，會下意識用手去支撐，很容易受傷。小孩子或是酒醉的人跌倒，反倒沒事，因為他不依賴大腦的思維或預判。直覺本能的順勢反應，卻是最安全科學的。

電視裡常見這樣的新聞：某某社區住戶的門窗未關好，小孩頑皮爬上窗台或陽台，不慎墜落，只是輕微擦傷，並無大礙。這裡面，固然有小孩骨骼處在發育階段，柔韌性較好的緣故，但確實與意識分辨和判斷有關。這一點，受過武術訓練的人都有經驗：摔倒時不能慌亂硬撐，要放鬆順勢滾動，才能避免骨骼受傷。南師自幼習武，自然懂得其中竅門，但南師藉此講解身心意識的作用關係和內在道理，就通俗易懂了。不受學識固囿，不被學問約束，出入自在，這也是南師的「頑童」情懷吧。

寫著寫著，突然想起他自我打趣的「調皮」幽默來。有位訪客提出想合影，南師恰好沒有戴假牙，於是自嘲說：只好當一回無「齒」之徒了。逗得大家會心一笑。

這就是我認識的南師：一個生動有趣的老人，一個可親可近的長者。

南師去世後，我看了劉雨虹老師編的《雲深不知處：南懷瑾先生辭世週年紀念》文集，發現與我有同樣感受和認識的學長，比比皆是。南師真是大家心中，那個永遠不老的「老頑童」啊。

四、中國的南懷瑾

南師老家在浙江樂清，他出生於書香門第，自幼受傳統文化熏習。少小離家，習武尚文，從軍入教，進川入藏，移居台灣三十六年，又遊歷歐美，旅居香港，最後回到大陸、定居太湖。輾轉多地，一生傳奇，以九十五年的生命歷程，見證了中華近百年的滄桑巨變。他說過：這輩子走過的地方太多了，有感情的地方也多，看過的、經歷的人和事更多。

大陸國學熱的興起與南師密不可分，他深入淺出的融通講述文化，吸引了不同年齡、不同程度的人。隨著南師聲名日隆，拜訪求見的人越來越多，頗有把他當成「熊貓」來看的味道了。

也有南師出生、旅居的地方黨政官員前來，希望能把南師請回當地去，其中，最積極的當數浙江各級政府的官員，上至省委主要領導、分管領導，下到樂清當地的父母官，或直接、或婉轉地表達了這層意思，南師卻並不明言。

南師在大學堂傾注了大量的心血和精力，有一個可以自主使用的固定場所，形成了相對穩定的教學局面，我不相信也不願看到南師丟下這裡，再去從頭辛苦……但在各路大小「諸侯」面前，我這個七都鎮的地方小官可謂人微言輕。留不留得住南師，我的壓力巨大。終於有一天，忍不住向南師表達了這份擔憂。南師見我著急，終於說出了自己的想法，他說：

「我是來『掛單』的。……我既不是浙江的，也不是吳江的，我是中國的南懷瑾。」

這是南師的心懷與氣象，相形之下，我們實在是太小家子氣了。

南南北趙

佛教界有「南南北趙」之說，「南」是南師，「趙」是指原中國佛教協會會長趙樸初先生。早期大陸人民知道南師，也與趙樸初先生頗有淵源。據南師回憶，他與樸老在年輕時就彼此相熟，後來在南師旅居香港期間，樸老還兩次親往，其中一個重要目的，就是動員南師北歸，擔當教化眾生、弘揚佛法和傳統文化的重任。

樸老與七都也有著不解之緣，廟港鎮（後與七都鎮合併）在一九九三年得到過樸老「太湖禪林」的題字。據說樸老並未到過廟港，但有感於這個地方獨特的地名，也瞭解這一帶的文化底蘊，遂欣然提筆。

這樣一幅墨寶，在政府的檔案庫裡躺了整整十七年。二〇一〇年下半年，我在籌劃廟港的環境建設時，根據廟港的特色，以及南師與太湖大學堂的特殊地位，有意在通往大學堂的道路分叉口新建一個中式牌樓，是一道文化景觀，也可用於識別道路，與大學堂呼應，營造出曲徑通幽的縱深感。

牌樓上刻什麼字呢？南師題字當然是最好的，但萬一南師拒絕乃至反對建造呢？我有些心虛。除上述正面的理由，我還有個自私的想法：這個大標識一擺，可以省卻我們給外來訪客帶路到大學堂的不少麻煩。但這種裝飾的東西，南師未必樂見，還是等建成了再彙報，那樣他也只能默許了……

趙樸初先生題字「太湖禪林」

正發愁內容時，辦公室同事提醒說有樸老的一幅字，於是趕緊找出來。看到樸老雄勁有力的書法，眾人眼前一亮：就是它了。

牌樓建成，我向南師彙報，他老人家卻早知道了。他聽了樸老題字的由來，並無反對之意，還說了不少他與樸老交集的故事。末了，南師善意地提醒說，這樣佛學色彩很濃的四個字會不會影響到我。我說這是我們七都廟港的文化名片，是好事，不會有問題的。沒被南師批評，我心中的一塊石頭也終於落了地。從此，太湖七都又多了一道獨特的文化風景。

事情至此，算是圓滿，但我卻不甘心。因為樸老題字的匾額在南，南師的大學堂在北，與「南南北趙」之說正好相反。我還是想討請南師題一幅字，安置在樸老題字之南。

請南師的墨寶，一定要有正當理由。二〇一一年秋天，機會出現了。

那年，七都鎮與水利部太湖局蘇州局聯合申報的浦江源水利風景區，順利通過了國家水利部的專家評審，即將獲頒「國家水利風景區」稱號。我去大學堂彙報，南師問明了原因、用途之後，答應說：

「保護生態，保護水源，這是利國利民的好事，這個字我幫你寫。你給我幾天時間，我寫好了交給你。」

我又高興又難為情，南師因為眼睛有恙，挺長時間沒題字了。

只過了一週左右，南師的字寫好並派人送來了。「太湖浦江源國家水利風景區」十二個字，用了十二張裁切成六寸見方的宣紙分別寫成，聽同學講，南師是憑感覺「盲寫」的，我的激動和感動難以言表。我們把南師的題字銘牌，豎立在樸老題字牌樓的南側，使「南南北趙」有了一個物理上的表法。

我知南師不會收筆潤之資，就把自己保存的兩盒宣紙奉上，也是期待南師眼睛好起來，讓我們見到他更多墨寶。這份謝禮，南師笑著收下了，還不忘「誇獎」我說：

「你會做生意喲，還想多賺我幾幅字呀。」

果然，我們後來又得到了南師的照拂，除了「老太廟」、「吳泰伯」的題字，還有南師讓人專門整理的有關老太廟的楹聯、典故。著實讓我喜出望外。

只買票 不入場

南師在「海峽兩岸」、「國共」兩黨間的地位特別、作用特殊，這也是他能夠擔當「兩岸和談」祕密信使，成為「九二共識」重要推手的原因所在。但拿南師的話說，他在兩岸間，對國共兩黨，始終秉持一個立場：「只買票，不入場」。這種既超然獨立，又不置身事外的政治智慧，讓我們大開眼界。

在南師的飯桌邊，常有兩岸四地的各路精英、各界友人，團坐相談甚歡。

二〇一一年的「五一」假期，大學堂餐廳裡高朋滿座，有南師的常隨學生，還有兩岸國共兩黨的在職官員，我這個共產黨的鄉鎮書記也在其中。談話暢敘，由文化聊及其他各個方面，南師還讓大家各自講講，對大陸正在實施的「房地產調控政策」的理解和看法……在南師這裡，兩岸的官方人物，放下政治身分和立場，彼此坦誠布公，學習互鑒。

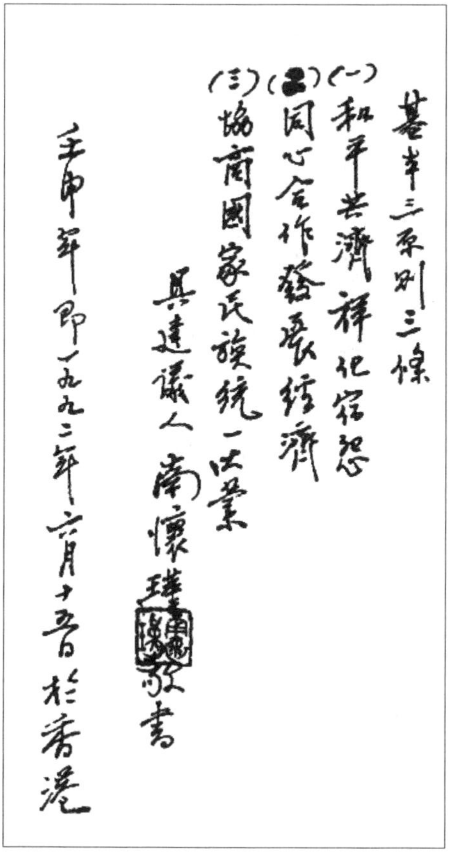
基本三原則三條
(一)和平共濟 祥化宿怨
(二)同心合作 發展經濟
(三)協商國家民族統一大業
其建議人 南懷瑾 敬書
壬申年 即一九九二年六月十五日 於香港

南師於九二國共會談期間手書「三原則」建議

南師評蔣介石

自一九四九年初赴台，至一九八五年離台赴美，南師在台灣居留的時間長達三十六年。作為曾經的國民黨中央軍官學校（內遷大西南時期）的政治教官，南師即便堅守遠離政治中心的準則，卻難免與蔣家父子的圈子發生交集。這也是促成南師遠走歐美的導火索。

從南師的言談中聽得出，他對蔣介石先生始終抱著一個尊重的態度，言必稱「蔣公」或「老先生」，畢竟他們有「同事」、「同鄉」的淵源。更主要，南師認為蔣公對中華傳統文化在台灣的復興和發展是有貢獻的。

南師回憶：他在台灣幾所大學講學期間，經常受邀到國民黨陸海空三軍軍校，給學生士官們上傳統文化課。一次他去某軍營上課，山腰半道上，有很多荷槍實彈站崗的士兵，三步一崗、五步一哨，戒備森嚴。這個「待遇」是他先前沒有遇到過的。上了講台，又發現檯面上多了一支話筒，線頭拉向講堂隔壁的一個獨立房間，聯想到沿途所見，南師意識到，今天老蔣先生也來聽課了。

當時在台灣島內，聽南師講諸子百家的中華傳統文化，已儼然成為「根在大陸」的國民黨政軍各界要人的習慣和依賴，聚集在南師身邊的「將星」數量越來越多，終於驚動了老蔣先生。那天，南師特別嚴重地強調了中華文化的興亡，與中華民族命脈的關聯，以及國家興亡的重大意義。

沒過多久，傳來一個重磅新聞：蔣介石先生在島內成立了「中華文化復興運動推行委員會」（後改名「中華文化復興運動總會」），蔣親任會長。這個決定與他聽了南師那堂並未謀面的課有多少關係，並不是南師關注的。蔣公此舉，對於中華傳統文化在島內的紮根與發展，實乃一大功德。

一九七五年四月五日，時值清明，蔣公逝世。南師深夜接到國民黨中央黨部的電話，那頭告知：蔣先生走了，治喪委員會剛剛成立，正布置第二天供各方弔唁的靈堂，希望南先生撰寫一幅輓聯，能夠總結評價蔣先生的生平功過。

於公於私，南師都無法拒絕這個「政治任務」，遂答應下來，並於第二天一早送了過去。南師說：能夠決定指派這個任務給他的，只有一個人，那就是小蔣（蔣經國）先生。

南師給蔣介石先生的輓聯是：

勳業起南天　北伐功成三尺劍
神靈護中土　東方感德一完人

在大學堂的餐桌上，南師這樣解釋：不管怎樣，蔣公在推進北伐、完成國家統一（哪怕是形式）上，功不可沒，這也是他一生最輝煌的業績。至於「東方感德」，則有雙重含義：其一，明指位於東方的中國；其二，暗指中國東方近鄰的日本，也應該感恩蔣公。作為「二戰」戰勝國的國家元首，是蔣公拍板，放棄了對日本戰敗國、侵略國的賠償訴求，以體現我仁義之邦、以德報怨。

南師認為，蔣公的離世，未嘗不是一種解脫。當時大陸共產黨領導的中華人民共和國，已在聯合國擁有合法席位，這對於始終堅持中華民國才是正統的蔣公而言，無疑是一大打擊。南師說，他當時腦子裡還有另外一副輓聯：

留得殘山剩水　最難料理
際此狂風暴雨　正好收場

對於蔣介石與毛澤東的關係，南師有自己獨到的見解：二人既是對手，也是知音。蔣公去世一年多，毛澤東也去世了。要知道，失去了對手和知音的人，精神心理上會無比孤獨。

南師由此又談到他眼中的中國現代歷史上的「三個半人」：孫中山先生有理想、有抱負，是個了不起的人，但沒有當政就離世，只能算作半個人物。

另外三個：袁世凱是一位，他有很好的機會，但沒有把握住。他如果不當皇帝，向民主自由這條路發展，中華民族就不是現在這個樣子了。果真如此，袁就有機會成為像華盛頓一樣偉大的人物。

第二位是蔣公。抗戰勝利後，他的聲望在中國和全世界也都到了頂點。如果不鬧國共分裂，他也不會退守台灣。

第三位是毛澤東，他統一中國，成立了中華人民共和國。朝鮮戰爭，使毛澤東的威望達到了頂點。中國近代一百多年，只有被外國人侵略欺侮的記錄，抗美援朝把美國打了個求和，確實了不起。但遺憾的是，他晚年發動了文化大革命，致使社會的發展整整耽擱了十年之久。

資助「潛伏」者

二〇一一年前後，電視裡正熱播大陸諜戰劇《潛伏》，片中的人物、情節，一時成為大家熱議的話題。一日，在大學堂的餐桌上，南師也講了他在台灣的一段特殊經歷。

上世紀六十年代初期，大陸正值三年「困難時期」，民眾生活艱難。經常會有一些身在台灣、家在大陸的人，通過香港等各個渠道偷偷匯款或捎物到大陸，用以資助接濟困境中的家人。彼時，兩岸仍是「解放」與「反攻」的敵對狀態。雖然這種給錢送物的行為，涉嫌「通共」、「資匪」，但國民黨情治單位的人，多也睜一隻眼、閉一隻眼。

某日，三位在國民政府擔任參議之職的浙江同鄉，到南師的台北寓所道別，說要轉道香港回浙江老家去，特來辭行。彼此相熟，南師一如往常，家宴款待，臨別還資助了一些盤纏路費，盡同鄉之誼。時隔不久，消息傳來：這三人原來是共產黨的「潛伏特務」，因為事發逃回大陸了，據說，其中某人還是接受中共最高層直接領導的。

給南師報信的人也是國民黨情治單位的一名高階軍官，經常聽南師的課，怕南師背上「通共」、「資匪」的罪名，而這幾人在離台前最後見的就是南師，所以善意提醒南師早作準備。

南師當晚接到消息，第二天一早便隻身前往某情治單位，遞上自己的名片，求見該單位的負責人，說自己是來「自首」的。

南師說：「我只知道他們是國民政府的參議，是蔣先生的助手。既然連你們都不知道他們是共產黨的『潛伏特務』，我又怎麼可能知道他們的真實身分。」「如果你們一定要定我個『資匪』的罪名，那我自己送上門來了。」

情治單位的負責人正準備去找南師「問話」，不料南師主動上門、以攻為守，一時也沒得發作，考慮到南師的特殊背景和在島內的聲望，就笑臉相陪、好言相撫，事情不了了之。

如果把資助「共產黨」同鄉當做南師無心之舉，那麼救巨贊法師脫險，卻是南師有意的出手相助了。

一九四八年初，南師在國民黨大撤退前先到了台灣，當時的國民黨當局大勢已去，對大陸國統區的民眾，採取了更加高壓的統治手段。南師意外得知，杭州武林佛學院院長巨贊法師（按：一九四九年後擔任大陸首屆中佛協副會長），正直善良，德慧雙修，他因與中共保持著祕密往來，已經上了國民黨抓捕的名單。聽聞消息，南師焦急萬分，先是找自己的同事故舊，託人情做工作，後又專程奔赴南京，以自己與國民黨高層的特殊關係，終於使巨贊法師脫離險境。

所以南師說，你們看電視裡演的是別人的故事，而他則是歷史事件的經歷者。真實的情況，有時遠比影視演繹的更複雜、更驚心動魄。

訪日的故事

一九六九年十一月，日本蓋了一個徐福廟，邀請台灣「文化訪問團」參加落成典禮。何應欽是訪問團團長，他邀請南師以學者身分擔任訪問團顧問，這也是南師生平第一次到外國訪問。

一週時間，除了參加既定的活動，還同日本學術界進行文化交流，南師作了〈東西文化在時代中的趨向〉的報告。十一月十一日下午，在東京的東方文化座談會上，南師應邀講話，受限於口音和翻譯，許多觀點未能準確傳遞給日本。返台後，南師寫了〈致答日本朋友的一封公開信〉，發表在十一月三十日台北《中央日報》的副刊上（收錄在《中國文化泛言》中）。

事後，同行的團員感慨道：「這次到日本，幸虧有個南懷瑾，否則我們中國人會大丟其臉！」

原來，日本派出的參加文化座談的人，都有很高的中國文化素養，其中還有唐詩專家，他們曾臨場作詩，請台灣客人即席唱和。台灣訪問團的人面面相覷，不要說會作詩的人不多，就是作詩，大概也須搜索枯腸、假以時日才能成句。眼看要丟人現眼了，南師出面應和了一首詩回應，才算解了圍。

這些日本學者當中有一位木下彪，曾任天皇宮廷文官，是個漢學專家，更是一位唐詩大家。南師在日本時，二人一唱一和，結成詩友。

南師和木下彪，彼此言語不通，翻譯又辭不達意，虧得二人都精通中國古代文字，就直接藉助中國古文筆談，於是有了下面一段有趣的對話。

南師說：「你們戰敗投降了。」

木下彪說：「日本是向兩個中國古人投降的，一個是『蘇武』，一個是『屈原』。『蘇武』者，蘇聯的武器也；『屈原』者，屈服於美國的原子彈。」

南師說：「蔣委員長對你們太大度了，沒有要你們賠償，還把俘虜都送回去了。這是中國古人的道德：以德報怨。（按：無獨有偶，大陸也沒有讓日本賠償）

木下彪說：「難道你不滿意蔣委員長的政策？」

南師答：「我是覺得太寬大了。如果換做我是領導人，不會這樣做。」

木下彪說：「那你意欲何為？」

南師說：「很簡單，你們日本人想中國，從明朝開始一直到這一次大戰，已經是第七、八次了。明朝開始，你們想把日本的首都擺在寧波，韓國的漢城做陪都。假使我作領袖，你們不是想侵佔中國嗎？你們投降以後，我把你們所有的兵、所有的老百姓，通通接過來，分散到中國各地。然後我派蘇州兩三個縣的人到日本去，幫你們看守日本。」

木下彪說：「好在你不是中國的領袖，否則，日本從此沒有了，一切完蛋了！」

戰敗的奮起

曾聽南師回憶說：日本方面「精心」安排，很大程度是沖著何應欽來的。因為抗戰勝利，何是中國戰區接受日軍投降的代表，日本人想藉著文化交流的名義，找回點面子。

訪日期間，另有一個小細節也被南師捕捉在眼裡。旅程中，南師不小心散落了自己的行李，一位日本少年主動上前，幫他把散落一地的書籍撿起並送上火車。南師正要掏錢酬謝時，少年一個標準的敬禮，轉身而去。

事後，南師對友人讚歎：「這個民族很快就會起來」，並搖頭嘆息：「那我們可怎麼辦噢！」

佛門楹聯

星雲法師在今日兩岸之佛、俗兩界，算是一呼百應的風雲人物。但他在台灣初創佛光山寺時，曾歷經艱難，也因此與南師建立了一段特殊的因緣。

佛光山寺地處台灣高雄，殿宇重重，廊柱眾多，初建成時亟需大量楹聯。一九七八年中秋，南師南下佛光山寺。星雲法師陪同參觀後，提出請南師題擬楹聯。南師不便推辭，答應回去完成「作業」。據學生回憶，南師回到台北居所，當夜在與諸學子談笑間的兩三個小時裡，信手拈成二十一幅楹聯（見附錄四），令人稱絕。

二〇一五年九月，老太廟文化廣場落成，廊柱上用何楹聯也成了問題。一個偶然機緣，我看到李慈雄先生請人印製的南師《佛門楹聯廿一幅》，如獲至寶，從中選取了部分具有普世教育意義，又適合本地、順應當下的楹聯，託請老太廟兼職住持宗性法師，求得國內數位高僧、大德書寫墨寶，刻製於廊柱。南師泉下有知，會同意我們用此方便法門的。

「大家」是怎樣煉成的

常有人問：像南師這樣的大家、鴻儒，究竟是怎樣造就的？以我對南師的點滴觀察，覺得與他個人的天資秉賦、獨特的人生經歷，以及特定的歷史時期分不開。所謂「時勢造英雄」，時勢同樣可以成就一代大家。用朱清時院士的話說，像南師這樣的大家，也許五百年才能出一個。

近現代的中國歷史，外憂內患、紛繁複雜、詭譎多變，生逢亂世，既是不幸，也是大幸。南師說，在抗戰時期的大西南，有時喝一個早茶的功夫，就可以在一個普通的茶館裡，同時遇到好幾位當時國內頂尖的大師級人物，可方便隨時請益。這樣的機會，對於生長在和平時期的人來說，很難遇到，也求之難得。

從南師身上，我們看到的是一個儒生、儒商、儒將的綜合體，那種睿智豁達、特立獨行、灑脫不羈的魅力，實在非同尋常。與他一生求學、問道、帶兵、從教、辦報、經商、授道、弘法等等獨特的人生經歷，密不可分。

五、傳統文化的力量

我曾與一位拜訪南師的領導坦言：我們現在的好多政商界領導人，之所以喜歡那種被前呼後擁的感覺，是因為他們一旦離開了這種簇擁，便失去那種被「眾星捧月」所營造出來的「高大」錯覺。南師則不然，一襲穿了多年的粗布長衫、一根手杖，一個人遠遠走來，舉手投足間自帶光芒氣象，無需任何外力烘托，也無法用言語形容，那種攝受力，讓人肅然恭敬。這種由內而外的仁義禮智、浩然正氣，就是中華優秀傳統文化的正能量。

當代孔子

一九八五年七月，南師在三藩市入境美國，在海關辦入關手續時，遇到了「麻煩」：南師從台灣離開時，帶了滿滿幾大箱的中草藥，以備日常所需。美國海關的邊檢人員不給放行，因為他們沒見過這些中草藥。隨行的學生頗費了一番口舌，還是沒用。

學生情急生智，指著遠遠站在一邊的南師說：「這些東西是那位老先生的，他是中國當代的孔子，是你們美國國務院請來的客人。」

南師身穿長袍馬褂，頭戴黑色禮帽，手持一根手杖，氣定神閒。美國海關人員被南師的不凡氣度鎮住，一時也沒那麼強硬了。

南師過來平靜地說：「這些東西是你們沒有的寶貝，你可以暫時扣著，但等我離開時，一定要還給我，我要帶回自己國家的。」

海關人員一番內部商議，竟同意南師帶著全部的中草藥入境了。

南師聊起，頗為感慨。他說，其實震住美國人的，不是他個人，而是他身上這身穿戴行頭，因為這也代表了中國的文化精神。那個年代，正是我們國人在心理上最自卑、最崇洋的階段，似乎穿西服、打領帶才代表文明先進。殊不知一個忘本的民族，才最被自己和他人看不起。

自從聽了南師的這段經歷，我參加完活動，去大學堂時，總會自覺地先解掉領帶，並儘量少穿西服。

服飾固然是民族文化的一種表達，核心卻是中華文化內在的精神氣質，這是任何服飾無法替代的。一些所謂的「儒商」，穿著中裝，盤著手串，冒充文化人，門面裝點得不倫不類，言談舉止和內在卻是空洞庸俗，令人無語。

中醫藥的價值

前面說的美國海關的例子，其實還有一個重要的看點，就是南師對於中醫藥的重視和推崇。

在南師起居室的隔壁，有一間小小的中藥房。除了自用，也提供給學生或訪客。當然，南師會一再申明，自己並非執業醫生，治病還是要去醫院請醫生看過。但以南師對傳統中醫藥典籍的瞭解，一般的醫理知識，他都瞭若指掌。他的學生中，也不乏這方面的專業人士。

一次去看南師，他見我眼布血絲、舌苔發暗，知道我又應酬多酒了。當即關照人去拿了一小瓶香港產的「六味地黃丸」給我，還交代了服法用量。

南師常說，傳統中醫學從理論到實踐，都有後繼乏人的危機。因為學習中醫，首先必須要學習和瞭解中國傳統文化，而現在醫學院校的學生，連繁體字都認不得幾個，又如何去向「老祖宗」學習。這是讓他憂心不已的事情。

他認為，中國文化的斷層，導致人們對中華醫藥的價值和作用相當輕視，更有太多錯誤認識。南師之意，並非要後人簡單復古、生硬模仿，時代變遷，迫切需要結合現代科學研究、推動中醫藥發展。

當他得知，綠谷集團研發的「四診儀」，意在利用科技將傳統中醫藥理論導入實踐，頗為欣喜。在「四診儀」研發遇到瓶頸時，也是南師從生命科學和中醫藥的精髓，指出了改進的方向。每當有領導或醫藥界的人來訪，他一定不忘推介一番。

生日是「母難日」

南師是最不喜歡過生日的一個人。一則是怕麻煩。每年農曆二月初六那天，各地的學生都會趕來祝壽。雖然人多熱鬧，在他看來卻是麻煩，也浪費了大家的時間。他會特意躲出去，以外出來回避慶祝生日這回事。

南師不願意過生日的根本原因，是他認為，生日是「母難日」，是不值得慶祝的。相反，在這樣的日子裡，應該看望或紀念自己的母親。因為每個人來到這世上，都是作母親的一次劫難，尤其是過去醫學不發達的時候，婦女生養小孩是有生命危險的。所以，每當生日的時候，更應該加倍孝敬自己的母親。

這就是南師，凡事都能指出事物的本末終始。

漢字的魅力

基於七都的特殊的地理條件和文化優勢，我們政府將發展文化旅遊產業，作為結構調整、轉型升級的一個重要方向。在保護好環境、生態、水源的前提下，因地制宜發展特色文化、餐飲、休閒服務業。對於這個定位，南師點頭認同。

為便於對外宣傳推介，我們考慮設計製作一個體現七都特色的文化符號，把它運用到政府各類公共設施的識別系統中，包括道路指示、景觀標識、辦公用品等。

設計單位提供的二十多個設計方案，我都不滿意，因為它始終沒有跳出用英文字母縮寫變形的思路，而我堅持認為這個符號應該有中國文化特徵，一目了然。受北京奧運「京」字變形的中國印的啟發，我要求設計單位以此為思路調整設計，結果設計出了如今使用的「太湖七都」的符號：「太湖」是全太湖流域共有的，使用標準宋體；「七都」二字則用吳昌碩後人吳民先先生書寫的石鼓文體，體現這一帶的人文歷史底蘊。

我把印有七都文化符號標識的名片拿給南師看，我說，這也體現了傳統文化，因為是使用漢字和中國印章的表現方法，南師看後，連連說好。

南師熱愛漢字，他認為漢字是世界上最美的文字，無論是發音，還是書寫、表意。認得兩千個就可以看書讀報；認得四千個就可以應付一般的寫作，還可以組合應對不斷出現的新事物、新含義。英文字母雖然只有二十六個，但每出現一個新事物都要新造一個辭，辭量越來越多，隨著時間的推移，後人便很難記得前人所造的辭義。而漢字的書寫、篆刻，本身就是一門藝術。

可是對於現代人學習漢字的情況，也讓南師有深切的憂心。在他看來，中華傳統文化，在民國後經歷了兩次「腰斬」：一次是「五四」新文化運動，學習借鑒西方現代文明原本不錯，但是將對於國家積貧積弱的不滿，遷怒於儒家傳統文化，就不對了。推廣使用白話文的同時，一舉打倒「孔家店」，等於把孔孟為代表的中華優秀傳統文化這個「嬰兒」，連同所謂文化糟粕的「洗嬰水」，一股腦全倒掉，後遺症就是攔腰一刀的文化斷層。

第二次則是簡體字取代繁體字。這雖然方便了一部分人的學習使用，但長此以往，卻是弊大於利、貽害無窮。我們老祖宗留下的傳統經典都是用繁體字記載的，而現在的大陸年輕人，有多少能看明白繁體字的古文呢。有些字簡體之後，原意、用途、用法都變得混淆不清。

經此「兩劫」，幾乎中斷了傳統文化的傳承和延續，傳統漢字的魅力，也不復昔日的光芒。

風水、相面之說

因為南師很早就以獨到而又通俗易懂的方式講述《易經》，便有人把南師視作「風水先生」，認為只是一些玄虛之學。更有人想方設法見南師，只為占卜前程、求吉問凶。南師對此真是無奈又難辦。

對於《易經》的地位和作用，毋須贅述，南師在《易經雜說》等書籍裡，都有明白無誤的闡釋。以我的理解，南師並不否認風水之說，只是所謂風水，隨時因時、因勢、因人而變。他經常會舉北京故宮的例子，當初選址的時候，一定認為是風水最好的地方。但多少王朝在這裡興起，又有多少王朝在這裡走向滅亡。同是一樣的所在，興也在此、敗也在此。正應了「成也蕭何，敗也蕭何」那句古話。所不同的是人，甚或是一個人的不同階段。古人有「一德，二命，三風水」之說，排在首位的還是一個人內在的道德修養。

至於相面之說，也有很多人關注。我見過南師的一次「相面」之術。某日，南師的一位浙江遠房本家，帶著在國外求學的兒子來見南師。席間，南師看著小孩，對這位本家說：

「你不要給你兒子太大的壓力了。」因為他看到這個小孩雙眉緊蹙、低頭不語，除了拘束，還看得出內心的壓抑。

南師還說：「一個人的眉間距，以兩指並寬為宜。」如果一個人長期壓抑，必然眉頭緊鎖，久而久之，眉毛就打不開，就會影響身心健康。所以說，所謂相面，相的是面，依據的仍是內心。

三家店

傳統文化，隨歷史演變，而有後人所謂儒釋道三家之分，用處各有側重，實意貫通不二。南師最為人所稱道的講解，就是關於儒釋道「三家店」的表述，在《論語別裁》等書裡，都有記錄。

依南師的說法：佛家（釋）是百貨店，商品豐富，琳琅滿目，每個人都可以進去轉轉、看看，買不買東西，按各人所需、各人自便，不必強求；道家是藥店，是用來治病救人的，病不可亂治，藥不可亂吃，所以要按需取藥；儒家是糧店，是生活的必需品，人一日不可斷糧，所以是每個人都須臾不可離開的。

這是我所聽過的，對儒釋道最言簡意賅、通俗易懂的講解。

作一個「搬運工」

述而不著，一直是南師治學的態度。他經常會說，讀書越多，越不敢下筆，所謂落筆千鈞。大家現在看到的，除了《禪海蠡測》等少數幾本書，是他自己的作品，更多的，是南師講述的傳統經典。當然，這個「述」，不是簡單的、一般意義上的古文今譯，而是結合了他自己的人生經驗和治學體會在裡面的。最珍貴的，是南師將各家各派的學問融會貫通，終成一家獨到之言。

對於現當代一些人，把寫作當成一件很隨便的工作，動輒下筆萬言，洋洋灑灑，卻全是些空洞無物的廢話。他認為，這樣的書和文章，浪費了他人的寶貴時間和資源，害人誤己。相信大家和我的感受一樣，現在的文藝作品，產量多了，卻不見或少見有品質的、能夠流傳後世的精品力作。南師舉了清代翰林院大學士紀昀的例子，紀算得上是一代文化大家，但他真正流傳後世的著作，卻只有一本《閱微草堂筆記》。可見讀書越多，越不敢輕易動筆。

傳統典籍浩如煙海，而南師所做的，就像一個「搬運工」，把傳統文化的經典要義，用現代普通人明白暢曉的方式講解出來。他這個「搬運工」，一做就是一輩子。傳統典籍浩瀚如煙海，憑南師一己之力終究有限，這或許是南師憂患千千結之嘆的由來。他多麼期待有更多的年輕人，能承當起傳承文化的使命和重任。

史學與文學哪個更可信

據南師介紹，他讀書很雜，既讀經史子集，也看各類野史小說，並且是夾雜著讀。他認為，這可以起到休息大腦的作用，不會覺得累。

還有一個更重要的原因，是他一直認為，古代的筆記小說，有著史家所不能及的記錄作用。我們現在所看到的歷史史料，因成王敗寇或政權交替、帝王喜好，記載未必真實，而文學筆記小說，表面說是虛構，但人物和情節往往描述的卻是史實。

就像中國人的哲學思想，不像西方那麼嚴謹艱澀，它寄託和隱含在美好靈動的詩詞歌賦和文學作品中。所以，南師認為，研究中國的歷史、哲學乃至宗教、科學，都應該好好研讀古代的文學。

最典型的，莫過於我們熟知的《西遊記》《紅樓夢》《三國演義》《水滸傳》這四大名著，因為它們是普及度最高的，影響和改變了歷代中國人。就像南師所說，中國歷史上那麼多狀元、宰相，有多少能被大家記住的，但孫悟空、賈寶玉、張飛、武松這樣的文學人物，卻是家喻戶曉的。抗戰時期，很多國人，其中大多數是沒受過多少教育的農民，能夠捨身就義、保家衛國，不是因為他們接受了多少「三民主義」或「共產主義」，影響和改變他們最多的，恰恰可能就是他讀過的一篇傳奇小說，或者是聽過的一部評書演義。

南師把傳統經典加以普及化，讓大家先能夠接受，進而才談得上教育人、影響人、改變人。所以，用心聽南師的課、讀南師的書，會讓人覺得很輕鬆、很愉悅，在不知不覺中，接受了薰陶。

文化是千年的事業

二〇一五年九月，各地隆重舉行了紀念孔子誕辰兩千五百六十六週年的活動，遍布全球的孔子學院，成為我們國家文化「走出去」的代表。不難看出，孔子的影響，歷久而彌新。一部《論語》，雖經千年而不衰。從這個意義上說，一個孔子，抵過千百個帝王將相。

做文化是做千年的事業，容不得半點馬虎。可以說，在這方面，南師是當代最傑出的人物。我相信，南師的述著，是可以流傳千年的。我們常聽到某某企業要做「百年企業」，又或者某某商家是「百年老字號」，卻很少聽到說要打造「千年的企業」、「千年的老店」的。可見，與傳承千年的文化事業相比，我們的一些企業家眼光還是短淺的。

當前，我們正面臨實現中華民族偉大復興的歷史機遇期，而中華文化的復興，是題中應有之義。要實現文化的復興事業，更需要付出加倍的努力，需要更多像南師這樣的有識之士，矢志一生，辛勤耕耘。

上世紀七、八十年代，南師在台灣時就預言：你們不要看大陸現在窮、經濟落後，只要他們政治上不犯錯、不折騰，沒有大的天災人禍或戰亂，給他二三十年時間，經濟一定可以起來，走到世界的最前列去。

中國的歷史也已經反覆證明，只要有數十年的太平日子，就可以形成一個盛世，可見經濟的復興不難。而文化一旦出現斷層，再要接續，要經過多少代人不懈的努力才行。

學問與作人

在南師的日常講課和對學生的教導開示中，經常會講到做學問與作人做事的道理。他說：學問不是知識，智慧不是聰明。學問是從作人做事上來，又往作人做事上去的。做事先作人，做學問同樣首先要有一個正確的作人態度。劉雨虹老師在她的一篇關於「人分四等」的博客中，形象講述了學問與作人的關係。這裡，我把它歸納引述一下：

第一等人「有學有術」，就是學問修養很高，作人做事的辦法很靈活，這樣的人堪稱完人，難得一見。

第二等人「有學無術」，就是學問道德、個人素質很好，但作人處事卻缺少方法，不夠靈活，因而只能自處而不能處人，歷代先賢聖人，大多是這樣的人。

第三等人「不學無術」，就是既無突出的個人修養，但也不會為非作歹，各方面都一般，屬於芸芸眾生，這樣的人是大多數的普通人。

第四等人「不學有術」，屬於人品修養不夠，卻頭腦靈活、手段很多，這樣的人，一旦得勢，必然為害社會，甚至禍國殃民。

這些應該也是劉老師從南師那裡得來的教益，足見作人處世對於嚴謹治學的重要性。

受劉老師的博文啟發，我突發感想，在由古至今的政府各級官吏中，又未嘗不是由四類人組合而成的：

第一類是廉吏，這類官員注重潔身自好，但未必肯做事、能做事。

事。

第二類是能吏（或者叫幹吏），這類官員能做事、會做事，但也易出事。

第三類是墨吏，這類官員私欲膨脹，貪腐成性。

第四類是酷吏，這類官員熱衷嚴刑峻法，做事未必行，整人有手段。

其實還有一類，應該屬於庸吏，這類官員因循守舊、墨守成規，不求有功、但求無過。

當然官員往往不是單一類型，更多的是混合型的，他們共同構成了官場生態的眾生相：既是廉吏又是能吏，應該是上下期盼的好官，堪當「有學有術」；只是廉吏，並無做事的能力，只能算「有學無術」；現實卻往往是能吏與墨吏、能吏與酷吏、墨吏與酷吏最易結合，這類人應算作是「不學有術」；而大多數碌碌無為的是庸吏，應該歸入「不學無術」之流。

英雄和聖人

英雄與聖人，是中國人所崇敬和仰望的。能夠在歷史上流芳千古的，也往往只是這兩類人。英雄與聖人，雖然都能名垂青史，但兩者卻有著本質的區別。到底差別在哪，少有人說得清楚，而南師的概括，最是清楚明瞭。

他說：「英雄征服了天下，但沒能征服自己；聖人征服了自己，卻不要征服天下。」至於英雄為何「沒能征服自己」，南師道：「英雄難過美人關」。讓人在莞爾一笑中，明白了許多道理。

由此，也牽涉到一個重要的話題，就是傳統儒家文化所強調的「內聖外王」之道。其實就是希望能夠做到英雄與聖人的結合。所謂「內聖」，就是要內修「聖人之德」，「格物、致知、誠意、正心、修身」；所謂「外王」，就是要外施「王霸之術」，「齊家、治國、平天下」，走的是英雄的路線。

事實上，能夠真正做到「內聖外王」的人極少。絕大多數歷史人物，也只是應了南師那兩句話的概括。

專才及通才

中國傳統文化的教育方式，注重通才教育，這點也是南師所看重的，他就是一個通才的代表。所謂「文武合一、古今合一、中外合一」，強調的是：一個人，首先要有健全的體魄、健全的人格，進而要有完整的、全面的知識結構，在這個基礎上，再各有所長，成為各領域的專才。這樣的人，可以徜徉於古今、獨步於天下。

在對太湖國際實驗學校學生的畢業講話中，南師也反覆強調希望孩子們「要作頂天立地的人」，對父母家人、對社會、對一切生命，要知敬畏，要懂得感恩、回報。

近代，尤其是達爾文的進化論思想傳入中國以來，國人對國外自然科學突飛猛進的發展而心生敬畏，進而對老祖宗的傳統教育方式，因破壞而由懷疑終至放棄，一味追隨西式的專才教育方式。剛剛咿呀學語的幼童，外語替代了國文教育，傳統的經典被當作「不合時宜」的「糟粕」棄之如敝屣；中學生早早被文理分科，劃定了量身定做的發展方向；而大學的分類、分科則越來越細。整個教育體系，淪為一套培養單一思維模式的流水線，教師成為工具，學生成為產品。

對於這樣的教育現狀，南師痛心疾首。他認為，十二歲以前的小孩，正是習慣養成和記憶力最佳的年紀，沒有受到太多不良習性的浸染。而成年人，他常常感慨「教育無用論」，就像一塊畫布，上面已經塗抹太多，再修正也難度很大，但也不能放棄。

所以他在近九十歲高齡時，還一手創辦太湖大學堂和國際實驗學校，南師形象地把它比作「一畝實驗田」，意在探索嘗試一條結合東西精華文化的教育路線。

書是要讀的

「書是用來讀的，不是看的。」在太湖大學堂，經常可以聽到南師用頗為嚴厲的聲音，告誡身邊的學生甚或一些向他索書的訪客。按南師的說法，所謂「書聲琅琅」是有道理的。

通過發出聲音來的讀書，方能入心入腦，這樣記憶的效果，強過看書十倍、百倍。對於好的文章作品，特別對於一些詩詞歌賦類的文學作品，你只有在朗讀的過程中，才能感受到那份文字的意境和美妙。並且對於不同時代的作品，還要學會用當時的官話語音去讀它，效果才最理想。可惜古人很多吟誦的方法都已經漸漸失傳了。

南師在講解經典前，也會要求大家在某同學的領誦下，集體朗讀一遍，再開始講解。他自己也經常會示範吟誦的發音方法。

當然，南師所指的這個「書」，應該是經受住時間檢驗的、能夠傳承的優秀經典，而非當下充斥眼球、粗製濫造的印刷物，更非那些生編硬造、曇花一現的媚俗文字。用陳寅恪先生的話說，就是要讀「老書」、讀「原典（原籍經典）」。

南師的宇宙觀、生命觀

一個偶然的機會，在家觀看央視「紀錄片頻道」播出的《宇宙的起源》系列紀錄片，發現其描述的人類目前所瞭解和認識的宇宙起源科學知識，與南師在講解佛學、唯識學等有關宇宙方面的知識，有異曲同工之妙。

這也印證了南師經常強調的：「佛法是超科學、超宗教的」，「現代科學已經證明的，佛學都有表述；而佛學所闡釋的，現代科學尚未完全證明，不能就認為是不科學或是迷信的」。

人從哪裡來，人往哪裡去？這些貌似簡單的現象背後，其實蘊含著豐富的人生哲理和智慧。南師用他過來人的真修實證、融會貫通的百家學問和獨特精闢的人生見解，用淺顯生動的語言加以闡釋，用心之專、用功之深，無出其右。

南師的晚年，特別注重唯識學和生命科學的研究。他所創立的太湖大學堂，也與國內外一些大學和科研機構建立了聯繫與合作。

這方面，受影響和啟發較大的，當數原中科大校長朱清時院士，他因為自己的一篇物理學文章遇到了困擾，後受南師講課的啟發，寫出了〈物理學步入禪境〉的論文，廣獲好評。同時，朱院士也領受了南師交給他的一個任務：用他所掌握的科學知識，從科學家的視角，把佛法中的超越科學的見解，證明並科普化。

無論有神論者還是無神論者，尊重實證的研究態度是不會錯的。

另一件憾事

南師在台灣時，創辦了老古出版社，並指派自己的學生打理負責，專門從事傳統文化典籍的整理出版。二十世紀九十年代初進入大陸後，南師也有同樣的一個心願，就是要成立自己的文化出版公司，除了出版自己的著述，還要加快文化典籍收集、整理和出版工作。

雖然大陸這邊的出版社很多，願意出版南師著作的也不在少數。但他一直希望可以有一家自主的出版單位。遺憾的是，由於兩岸文化出版政策的不同，直至南師辭世，他的這個願望始終沒能實現。

這不能不說是南師心中一件永遠的憾事，也是我深感自責的一件事。雖然這並非我職責權限內可以解決，但作為一方「父母官」，沒有能很好地幫助南師完成這一心願，也是我的一個終身遺憾。

六、出世入世的教導

對於南師的精神事業、道德文章，無論是「上下五千年，縱橫十萬里，經綸三大教，出入百家言」的評價，還是他自己「一無所長，一無是處」的謙辭，我相信，歷史自會有客觀公正的評說。

我們普通人，也可以通過閱讀南師的書籍、文章，觀看影音資料，各有所悟。我相信，每個人，只要用心去看了、聽了，都會有啟迪和幫助。在這個紛繁的世界裡，大師難得，大家不再。但其事業永存，精神永在。

至於我個人，感受最深的，則是他的「以出世的態度，做入世的事業」。

尹衍樑的一碗肉絲麵

尹衍樑先生，台灣潤泰集團總裁，「大潤發」的創辦人，是著名的實業家，也是追隨南師多年的一名台灣學生。我與他初次相識卻是南師辭世後，在太湖大學堂舉辦的一個紀念活動上。

二〇一三年十一月初，收到尹衍樑先生從台灣捎來贈我的一本書《尹教授的10堂課》，而我當時正準備應邀去往南京郵電大學光電學院，為應屆的大學畢業生們作一個有關「青年人擇業」的講座。尹先生結合自身創業經歷的這本書，正好給了我鮮活的案例。其實，關於尹先生投身實業的故事聽聞已久，其中也有南師的一份教化在。

一九八二年，尹衍樑從台灣大學商學研究所畢業時，正值對前途困惑迷茫的年紀，一個偶然的機會，看了南師關於講解佛學方面的書籍，感覺茅塞頓開，萌生了出家的念頭。

一次在同學的介紹下，尹登門拜見南師，求道問惑。南師瞭解其來意，並不直接回答，卻問了句：「吃飯了沒有？」尹回答「沒有。」南師回頭就關照廚房：

「給他下碗肉絲麵過來。」尹衍樑一頭霧水：「南老師，我想吃素出家，你怎麼讓我吃肉絲麵？」

南師以不容置疑的口吻說道：「等你吃完這碗麵，我再告訴你為什麼。」

盯著他把一碗肉絲麵吃完，這才意味深長地對尹說道：「你的任務是在家，不是出家。」

尹衍樑說：如果沒有當初南老師的這碗肉絲麵，也許就沒有今天的尹衍樑，也不會有大潤發這個民族品牌的大賣場了。可見，南師一向是勸人積極入世，而非消極避世的。只不過入世一定要有一個好的出發點、落腳點，那就是要有利國、利民、利天下的出世情懷。

類似尹衍樑的例子不在少數。斯米克的李慈雄、綠谷集團的呂松濤、海南航空的陳峰等，都在創辦實業、積極入世方面，得到過南師的點撥和幫助。

一九八四年，李慈雄從美國的史丹福大學得到博士學位後，先後供職於美國電報電話公司、波士頓諮詢公司、世界銀行等外企，卻終究找不到歸屬感。他去徵求南師（當時寓居美國）的意見，南師勸他回國創業，而且指點他應該要到大陸的上海開創事業，而非他出生的台灣。因為在南師看來，今後中國的發展大勢在大陸。只有足夠大的舞台，才能有足夠大的事業。

南師經常會教導他的這些企業家學生：你們辦一個企業，少則數百名員工，多則幾萬名員工，每個員工後面，都有一個家庭。解決了這些人的就業問題，就等於解決了更多人的吃飯問題。這是最大的功德。這個功德不是吃齋念佛可以實現的。

修一條人間大道

在積極入世方面，最好的代表還是南師本人。

南師是中國大陸引入外資、以股份制形式參與修建了金溫鐵路的第一人，雖然歷經波折，卻意義深遠。

當時南師寓居香港，來自浙江家鄉的領導多次探望他，希望他能為家鄉建設作一些貢獻，而南師則建議大陸應該修一條金溫鐵路，並表示願意提供幫助。一般人只想到，這大概因為南師自己是浙江溫州人，所以想為家鄉人修一條鐵路。其實更主要的原因在於，這條鐵路意義特殊：它是孫中山在就任中華民國臨時大總統時的《建國方略》中所提及的一條鐵路，卻遲遲沒有建成。

然而南師似乎並不以此為意，也不願多提及自己的作用，只希望造福一方人民。當金溫鐵路修成，他說：「區區一條金溫鐵路算不了什麼，我要修的是一條人間的大道。」這條大道應該就是貫穿了他一生的文化事業，也就是實踐他年輕時發下的宏願：「重續中華百年文化之斷層」，真稱得上是一條人間的大道。

缺水是個大問題

二〇一一年仲夏時節，全球紛紛出現了旱災、水荒，電視裡天天放著各地缺水的新聞報導。一天傍晚，南師同大家一起在餐廳看電視新聞，突然說到：「現在你們明白我為什麼選擇住到太湖邊了吧。」又說：「以後缺水會是個大問題。」

當我向南師報告，其實即便我們這一帶，號稱「水鄉澤國」的江南，同樣面臨著水質型缺水的危機時，南師沉默了。所以，當我希望他為我們建設的太湖浦江源國家水利風景區題字時，他欣然答應。他認為保護好環境、生態、水源，這是既利當代，更造福後世子孫的大好事。

南師還鼓勵學生中有經驗和能力的人，積極投身到治沙、治水等工作中去，他用大禹治水等歷史的經驗教訓，告訴大家，中國人歷來重視水利建設。歷代王朝、政府，一項很重要的工作就是治水。

女性的教育

南師一直強調家庭教育，尤其母教的重要性。因為每個人來到世上，最早接觸的是父母，最先接受的是家庭的教育，而母親對子女的影響又是最大的。所以他認為，對女性的教育更為重要，因為這是培養下一代的前提和基礎。

此外，南師也經常提及當下一個非常不好的現象，就是往往條件越優越的家庭，其子女所接受的卻是越糟糕的家庭教育。好多現代家庭父母忙於事業奔波，卻把子女的教育扔給了老人、傭人甚至司機。在這樣的環境中成長的小孩，即使以後上再好的學校，其基礎也是堪憂的。而這樣的父母家長，無異於揀了芝麻、丟了西瓜。

南師的最後一堂大課，就是二〇一二年「三八」節前後，在太湖大學堂七號樓大教室，為長三角一帶五百多名各界婦女，所作的「女性的修養」系列講座。

廿一世紀的不治之症

南師很早就說：人類在十九世紀的不治之症是肺結核，二十世紀的不治之症是癌症，而廿一世紀的不治之症則是精神病（精神方面的疾病）。

隨著時間的推移，南師的這個預言得到越來越多的印證。物質生活的極度豐富，並沒能解決人們思想精神層面的需求，文化缺失、信仰迷惘、道德下降、精神懈怠等一系列的問題越發凸顯。個人精神引發的極端案例，不斷見諸報導，引起整個社會一連串的誠信危機、信仰危機、道德危機。

這將是留給當代管理者和教育者的一個世紀難題，南師提出了他的預言，其實也給出了他的答案：那就是從優秀傳統文化中汲取養分和精神的食糧，來填補人們日益空虛的內心世界。並且他也是這樣身體力行去做的。結果會怎樣，在於我們每個人自己。

做可傳承的事業

一天，我去向南師報告對廟港社區、大學堂周邊的環境建設思路和設想，我說：不建高樓，不搞華而不實的形象工程，不做前人建、後人拆的垃圾工程，儘量恢復江南水鄉的風貌特色，為老百姓營造宜居的環境。重在環境整潔、生態修復、水體保護，體現可傳承、可持續、不可逆轉的理念。南師肯定和認同了我的思路，他說：「我如果要住高樓大廈，就不到你這裡來了。」

南師經常提到「事業」的定義：「舉而措之天下之民，謂之事業。」他認為：事不分大小，人不分高低貴賤，只要是有益於社會，有益於人類，有益於當下或長遠，都值得去做。並且一旦認定目標，就應該矢志不渝，堅持到底。

不能犯的三個錯

每個人的能力有大小，機遇也不均等。你有多大的舞台，就唱多大的戲。一定要客觀理性地看待自己，量力而行，有所為，有所不為。千萬不能好高騖遠，脫離了自己的實際能力和水平，否則只會落得「心比天高，命比紙薄」的下場了。

這是因為南師總強調，人有三個基本錯誤不能犯：

一是「德薄而位尊」，修養淺薄卻身居高位。

二是「智小而謀大」，智能有限卻謀劃大事。

三是「力小而任重」，能力不足卻承擔大任。

歷史上犯這三個錯的人不在少數，結果雖事倍而功半，甚至害人誤已，一事無成。

謀一域與謀全局

南師做學問的一個重要方式就是「經史合參」，過去發生的，是現在的借鑒；當下發生的，就是將來的歷史。在拜訪南師的眾多訪客中，不乏各級、各地的政府官員。從中央到地方，從兩岸到歐美，各有所期，各有所得。以至於有人給南師加上了「政治顧問」的帽子。其實他所做的，只是用歷史的經驗觀照現實，因人因事，指點迷津。對於那些求仙問道之徒，他是一笑了之。

古語云：「不謀萬世者，不足謀一時；不謀全局者，不足謀一域。」南師從解釋歷史上中央與諸侯間所謂「分封」制的初衷和由來，強調在中國實施中央集權的必要性和重要性。

他認為，中國目前的行政管理體制是先進的、合理的，相反，如果我們盲目效仿西式、美式民主，一定會天下大亂。其中很重要的一條，中國的國家領導人都有「謀一域」的歷練和經驗，而「謀一域」者也不乏「謀全局」

的眼光和視野。這一點決定了我們的領導人，遠比「一人一票」的選舉政治下產生的政客和官僚，更懂得如何治國理政、親政愛民。

有時領導者個人能力太強，如果處理不當，容易固執、偏激，反而會影響和干擾下屬能力和積極性的發揮。他舉了歷史上項羽、劉禪的例子，告訴我們：真實的歷史上，這兩人的個人才能都不簡單，項羽不是草莽武夫，劉禪也非「阿斗」，但他們卻因為個人能力的過分自負，不能容忍和發揮下屬的作用，以至於眾叛親離，離心離德而失天下。所以，「才堪大用」與「剛愎自用」，有時只在一念之間，其結果卻是天壤之別。

在南師關心的眾多「謀一域」與「謀全局」的話題中，甚至也包含了諸如：GDP考核、財政分配、分稅制改革、房地產調控、信訪維穩、校車安全、高速免費通行政策等，許多具體而敏感的現實問題，也是困擾我們這些基層官員最大的問題。若非親歷，很難想像，一個九十多歲的老人，依然可以做到「秀才不出門，能知天下事。」他對最新時事瞭解的速度和程度，令人驚嘆。

他對每件事的分析，總能尋根溯源、因果分明，找到事物的內在規律和特點，並且結合他人生的經歷和歷史的經驗，設身處地站在當政者角度考慮，體諒現實操作的難度，絕非「坐而論道」者的無病呻吟可比。

對於我們所經常強調的「執行力」問題，也是南師所看重的。他對一些學佛的同學只停留在口頭上的修持頗不以為然，認為學佛和作人做事是一個道理，既然發了願，就要注重實證、實修，方能取得實效。

桃紅柳綠　勤思少言

記得二〇一一年三月的一個晚上，他對我說：「你們太湖大堤上的垂柳很漂亮，如果能在柳樹中間種上一些桃花，桃紅柳綠會更漂亮。」回去後，我馬上抓緊落實。大約一週之後，三百多棵桃樹移栽到位，並很快開花，給原來略顯單調的大堤景觀增添了亮色。

當我將一組新拍的太湖大堤圖片呈給他看時，老人家很開心，連連誇我辦事認真，有效率，能夠將他的信口一說馬上去落實。我想，這可能也是南師願意把一些事情交代我去做的原因吧。

南師還強調了「勤思少言」的重要性，因為一個人在說話的時候，大腦的供氧是不足的，他的思考必然也會因之遲鈍，所謂「言多必失」應該是有科學依據的。

我知道，南師這些話與先前的短信提醒一樣，也有告誡我的意思在。而我，雖然秉性難移，但卻真真切切感受到了南師的這份關愛。每當我在處理事情中感到困惑不解的時候，我就會聽取他的一些意見或建議，這已經成了我的一個習慣，也是我在七都工作的額外的福利。

南師的人情世故

南師是一個極重「禮」的人。即便是尋常的人情世故，他也一定入鄉隨俗，注重禮尚往來，絕無半點托大。每年的中秋、春節等傳統節日，鎮上照例會給太湖大學堂送去一些普通的節禮，以表達我們對老先生的敬意。每次，一定會收到大學堂的還禮。有時甚至會先收到大學堂的節禮，而讓我們感覺被動和失禮。

他常常會用杜月笙的「三碗麵」（情面、場面、臉面）的故事，來形容中國人對人情世故的看重。而這恰也是中國人的一種文化。用南師的話說，最欠不得的是人情債。我想，這大概也是他經常要躲開人群，不願意過節慶生的一個原因吧。

平日裡，南師訪客眾多，少不得迎來送往，這些對一位九十多歲的老人，其實是一件很累人的差事。但只要見了，南師必定抖擻精神，無絲毫怠慢之意。用他的話說，自己是在作一個「陪說話、陪吃飯、陪照相」的「三陪」老人，可憐得很。

詩書傳家是盛世，禮崩樂壞是亂世。孔子正因為身處亂世，才會著《春秋》、訂《禮》《樂》、說《周易》，其目的，就是為了教化人心，回歸傳統。

南師平時常用朱柏廬的《朱子治家格言》教育大家：「黎明即起，灑掃庭除，要內外整潔。既昏便息，關鎖門戶，必親自檢點。」「讀書志在聖賢，為官心存君國。」注重培養良好的修身齊家的觀念，是作人的根本。他是時時處處在用自己的言傳身教，體現著傳統文化的精髓要旨。

會花錢才是本事

面對自己的企業家朋友或學生，南師常說的一句話是：「會賺錢不是本事，會花錢而且錢花的有意義、有價值，才是本事。」

南師經常會以孔子的學生子貢為例，說明一個人做學問與經商掙錢的關係。子貢無疑是儒商的鼻祖，不但學問出眾，更經商有術。他憑藉自己一流的外交和經商才能，遊走列國，左右逢源，曾一人掛多國相印。但他經商的目的，卻是為了實踐其老師的理想。歷史上的吳越之戰，始作俑者正是子貢。當時，齊國準備攻打魯國，孔子雖然遊歷在外，但想到母邦即將遭遇戰亂，憂心不已。子貢主動請纓，遊說諸國，將戰火引向了齊晉吳越，化解了一場籠罩在魯國上空的戰爭陰雲。

後世甚至認為，正是因為子貢有經商理財的天賦，才能夠幫助孔子推廣儒學，並使其名滿天下、傳承後世。孔子死後，也是子貢幫助選置了墓地，並為自己的老師守孝六年，非其他弟子可比。「人盡其才，物盡其用。」在子貢這裡得到了完美的詮釋。

對於金錢、物質，南師也是看得很淡、很淡的。用他的話說，每個人出生來到這個世上，都是握緊了拳頭來的，但死的時候，都是兩手鬆開走，什麼也帶不走。

他自己這樣說，也是這樣做的。無論是修金溫鐵路，還是捐款助學、設立獎學金、資助寺廟、幫貧濟困，這方面的例子舉不勝舉。他的觀點是，錢財取之於社會，用之於大眾，這才是正確的財富觀、義利觀。

一次，浙江省宗教系統的兩位領導來大學堂看望南師。席間，南師很正式地說：「浙江的佛教資源很豐富，聽說靈隱、普陀這樣的寺廟每年都有不少的善款收入，應該要讓這些錢發揮應有的作用。浙江並不全是富裕地區，浙西山區有些地方還很窮，可以用這些善款去資助那裡的醫療、教育。」又說：「你們是管宗教的，應該要讓佛教界向有些洋教派借鑒學習。中國老百姓是很樸實的，為什麼西方的宗教進入中國時間不長，發展那麼快，信眾越來越多？因為人家是從辦醫院、辦學校、宣導互幫互助著手的，老百姓覺得它是做好事、行善的，自然就信它了。而佛教有些寺廟卻沒有做好這方面的工作。聽說有些地方的寺廟方丈，銀行存款幾千萬……」宗教局領導介紹說，普陀寺捐款數億元用於修建跨海大橋，也在做造福社會的功德，南師點頭。

批評別人要加上自己

南師對於一些生活小常識的開示，也讓人受益良多。尤其他從歷史典故、人生經驗出發，就更有說服力。作人的學問，是教科書上學不來的。特別對於涉世未深的年輕人，南師是抱著治病救人的態度，希望他們少走彎路，要善於從前人的經驗中吸取教訓，因為有些代價是付不起的。

譬如，他講的一個如何批評人的道理，就很發人深省。平常大家習慣了「用手電筒照人」，看別人都是缺點，卻常常忘了自己也有類似的毛病。即使自己沒有類似的問題，要想讓人減少抵觸，更容易接受批評意見，一個簡單的辦法，就是「批評別人捎帶加上自己」。也就是在說「你」或「你們」如何如何不對時，可以說成「我們」不應該怎樣，或「我們」容易犯怎樣的錯。這樣聽的人不覺得刺耳，更樂於接受，回頭自然會意識到你說的就是他自己身上的毛病，與別人並無多大關係。一樣的意見，不一樣的表達，效果卻會迥然不同。

中國人是講究尊卑有別、長幼有序的，不同的年齡、不同的身分，決定了你應該採取怎樣的表達方式，才更為妥當貼切。一般來說，上對下、長對幼，可以直白一些，無須太多顧忌；下對上、幼對長，則要小心謹慎一些為好，語氣、措辭都要使用得當。但越是年長的過來人，反倒不容易犯錯。往往不注意的多是年輕人、處在下位的人，常常會鬧笑話，甚至影響到前途命運。

如何糾正領導的錯

南師也講到一種情況，在官場或職場時常會遇到：就是當你發現自己的領導或老闆犯錯時，你應該以什麼樣的方式去糾正？

一是要看場合。千萬不可在大庭廣眾之下（比如會場或者人多的場合），當面直陳，圖一時口舌之快。讓領導當眾出醜，下不來台。即使你的意見正確，領導也知道自己錯了，卻未必會接受，效果會適得其反。而且這樣做，也容易讓人覺得你有好表現，出風頭的嫌疑。

二是要注意方式。要換位思考，找到一個既讓領導不失面子，又能愉快接受的方式，比如可以說：「我有一點補充思考，不知是否成熟，請領導把關。」比如可以私下遞一個條子給台上的領導，以婉轉的方式給領導提個醒。

三是如果領導不接受怎麼辦？一般情況下，當領導的更容易相信自己的經驗和判斷，不會輕易做出改變。如果你的正確意見未被採納，領導繼續固執己見，一意孤行，這個時候，你千萬不能自以為是，按自己認為正確的方法去執行，結果雖然避免了錯誤和損失，你也得不到表揚，只會得到一個陽奉陰違、不服從上級的評價。而是要按照領導既定的要求，不折不扣去執行。而你只要做到不刻意、不做作，問心無愧。因為只有這樣，才能讓領導認識到你的意見的正確，同時，不懷疑你的職業操守。

當然，前提首先是要遇到胸懷寬廣的好領導，否則，一切都免談。南師以歷史上汲黯和東方朔為例，因為遇到了漢武帝這樣的明君、聖主，才有可能成就這兩人的直臣、曲臣之名。

南師就是這樣，即便娓娓道來的一些生活「小貼士」，看似細微，也處處閃現著智慧的光芒。既有出世的情懷，更有積極入世的人生大智慧。

七、音容宛在 師道常存

南師學貫古今中西，聲名遠播。其治學治世之理念之所以廣為傳播，是因南師真正做到了言傳身教，身體力行，有教無類，誨人不倦。南師自己對俗世虛名看得很淡很輕，不在乎一時一世之評價。他生前從不願意接受媒體對他的採訪宣傳，就連我們鎮上做介紹七都的專題宣傳片，需要一組南師的視頻，也是我自己偷偷用手機錄下來的。

與南師有緣「親近」經歷的人很多，或長或短，各有受益。如今南師隻履西歸，大家應該做什麼有意義的事？如何做到？是最重要的命題，有待我們自己交上答卷。

無門無派無弟子

俗語說：「人怕出名豬怕壯」。由於南師的名聲遠播，經常會聽到有以南師「入室弟子」、「接棒人」、「衣缽傳人」自居、自詡的人，在外面開堂授課甚至開宗收徒。更有人假借、冒用南師之名，或盜版南師的著作，騙取名利錢財。

這樣的事情多了，自然也會傳到南師耳朵裡。有時去大學堂，偶爾也會聽到南師身邊工作人員向南師彙報「打假」的有關情況，但往往是打不勝打，防不勝防。由此，也更印證了南師經常說的「文化斷層」的危害後果。

對於文字上的盜版、盜印，南師看重的倒不是經濟上的損失，而是怕誤人子弟。在他看來，文字工作是一項很嚴謹的工作，容不得半點馬虎、偷懶，有時一字之差，意義完全不同，說「差之毫釐，謬以千里」，一點不為過。流傳後世，貽害無窮，這才是他所擔心和害怕的。

也正因此，他對出版自己書籍的出版社的選擇、對文稿的校對、乃至對責任編輯的選擇，都是極重視的。對於暫時沒把握或者認為時機不成熟的書，他寧肯壓著不出。

對於那些欺世盜名之徒，南師同樣是出於文化的考慮，他是怕這些人害人誤己。對此，除了對個別的極惡劣之徒，採取必要的法律行動之外，南師是用獨特的方式，表明自己的態度：即公開宣布自己「無門無派無弟子」。由所以，凡自稱是他「弟子」、「接班人」等等的人，都是「冒牌貨」。由此，也看得出，南師對這件事的態度是極嚴肅、認真的。

至少在他身邊的學生們看來：一則說明，南師認為歷代聖賢自己並未宣稱建立什麼門派或屬於什麼門派，都是後世強加或假借的，而所謂的門派之爭、門戶之見，於學術本身無益，相反會貽害無窮；二則也說明，南師對自己所教這些後學晚輩的失望，認為找不到合適的繼承他學術衣缽的接班人。

聖人身後　雞犬升天

當然，「無門無派無弟子」不等於是要作「孤家寡人」，南師大約也注意到了學生們的疑惑和擔心，答應保留彼此間的師生稱謂。所以，一般大家都稱呼他「南老師」或「南先生」。

在南師眼中，「先生」、「老師」、「師傅」之類，原本都是神聖的稱謂，可惜現在都被叫濫了，開車的、理髮的、炒菜的……，各行各業、不分老幼，都可以「老師」、「師傅」相稱。所以南師自謙，自己以一個「教書匠」身分，作一回「老師」，也算不得托大。

有一件事，或許可以看出南師在對待學生、弟子這方面的態度。

在食堂餐廳的一次課堂上，南師講到有關孔子的著作時，說「孔子的學生都是沾了孔子的光，得以留名的，你們可不要想著『雞犬升天』呀。」的確，一部《論語》，讓孔子的很多弟子得以流傳後世，而他們自己到底有多少學問，留下什麼著作，卻少有人問津。

南師的編輯

南師的常隨學生中，出家、在家的都有，年齡從二十上下到九十出頭不等，可謂三教九流，各行各業的都有。這其中，小南師三歲的劉雨虹老師，是極獨特的一位，她與南師將近半個世紀的交情，堪稱「亦師亦友」、「半師半友」的關係。

用她自已的話說，一九七〇年南師邀她參加《人文世界》的編輯工作開始，追隨南師作了幾十年的「義工」。這份長達半個世紀的相知、相識，讓我肅然起敬。

劉老師出生書香世家，年輕時畢業於南京金陵大學，就讀過延安陝北公學、魯藝，作過記者，後服務於駐台美軍任英文翻譯。一九六五年，從朋友處聽聞南師大名，一九六九年底第一次聽南師講解佛學概論。從此成了終身追隨南師的忠實一員。

而從南師對劉老師的態度上也可以看出，他是以友道相待的。由此也讓我對這位老太太心生好奇，由於交談甚少，以至於南師在時，我對劉老師倒更多幾分敬畏。

及至南師辭世，由於要落實很多紀念、傳承南師的工作，時常要請教劉老師，才得以與劉老師有更多深入地接觸與交往，始覺自己認識的粗淺，客觀的說，最能體現南師文化精髓的一個人，非劉老師莫屬。我想這大概也是南師生前放心由劉老師把關他的書稿的原因吧。

最讓我感動的，是南師身後，真正認真在貫徹執行南師精神的恰恰也是劉老師。我曾經在南師辭世兩週年的紀念會上說：作為南師學生，在老師走後的歲月中，做得最好的無疑是劉老師。她用自己的實際行動，默默勞作、辛勤耕耘，堅守著南師的事業，繼續完成著老師的文稿校對編輯工作，《禪海蠡測語譯》《話說中庸》《孟子》系列，《南師所講呼吸法門精要》《太極拳與靜坐》等多部南師遺著得以面世。另外，也親自撰寫了《禪門內外——南懷瑾先生側記》《東拉西扯：說老人、說老師、說老話》，並編輯《雲深不知處——南懷瑾先生辭世週年紀念》等書稿刊印付梓。

在劉老師身上，我彷彿又看到了南師的某些身影：一個不知疲倦的老人，一個使命重於生命的長者。而在南師身後，劉老師能夠長住太湖之濱的七都廟港，既讓我欣慰，也讓我汗顏。欣慰者，我仍可以有時時請益的老師；汗顏者，我輩所做的，與劉老師相較，真正微不足道。

留下最後一課

南師的辭世，在海內外引起了廣泛的關注，上至國家領導人，下到庶民百姓，大家以各種方式緬懷和紀念南師。南師以自己的辭世離場，再一次推動了國人對於傳統文化的反思和學習的熱情。南師的離世，也是留給我們的「最後一課」。

大師雖已遠去，但他的事業仍將繼續。南師給我們留下了太多的未竟之事、未解之謎，需要我們每個人用自己的方法、智慧，用心去解讀、解答，書寫好屬於各自的人生答卷。南師生前常對身邊的學生說：「你們自己不用功，只知道問老師。總有一天，我不陪你們『玩』了。找不到我，看你們怎麼辦？」

文保單位與兩岸交流基地

舉辦完南師荼毗儀式後不久，經吳江市人民政府批准，太湖大學堂被整體設立為「吳江市文物保護單位」（後變更為「蘇州市文物保護單位」）。這既是對南師的恭敬和紀念，也有利於保護文物的完整性。

占地兩百八十二畝的太湖大學堂，是南師生前所創的具有特殊文化價值的一個建築群落，無論從外觀到內涵，都是彌足珍貴的歷史見證。

二〇一五年九月，南師逝世三週年之際，也是老太廟文化廣場落成之日，江蘇省台辦授予了七都（廟港）「對台交流基地」的稱號，這其中也包含了對南師在兩岸文化交流中所作貢獻的高度肯定。

老太廟文化廣場落成

前面說過，重修老太廟的起因，始於當地政府欠南師的十八畝土地，但修廟畢竟與政府的功能不符，故而，我向南師提出，以老太廟文化廣場的名義，既體現寺廟的定位，又突出了服務當地民生的主體功能。且用於修廟部分的費用，主要由社會捐助籌資，政府主要負責其他配套文化功能設施建設。對此，南師給予了首肯。且強調：這個文化廣場建成後，就是要服務於太湖流域周邊百姓，教化民智，敦化民風。

從二〇一二年九月上旬破土動工，至二〇一五年九月底正式落成，整個文化廣場的建設，分三期，歷時三載，恰與南師的三週年忌辰同步。

從此，七都廟港周邊百姓多了一個活動休憩的文化廣場，也平添了一道粉牆黛瓦、綠樹掩映的蘇式風景，成了整個「南太湖文化產業集聚區」的重要組成部分。這其中，還增加了由綠谷集團捐資建設的「太湖大講堂」和七都政府與南京大學共同建設的「群學書院」，前者作為「太湖國學講壇」的永久舉辦地，後者主要是社會學的一個研究和實踐、講學基地。

在老太廟東首的「懷軒」，則是由地方政府平台發起成立的「南懷瑾學術研究會」入駐使用，旨在團結凝聚一批有志於南師事業傳承的學友，著手開展紀念、研究南師學術文化的相關工作。

太湖國學講壇

舉辦「太湖國學講壇」，是南師健在時我就有的一個想法。客觀的說，我當初是有功利的思考在裡面的，因為有南師這塊「金字招牌」在，正好又是「國學熱」，覺得如果南師願意替我們扛這面旗，一定是可以做出特色，打出品牌影響的。我也曾通過南師身邊人，婉轉提出過類似的想法，但得到的答覆是：南師不願意被當作論壇的招牌使用。我的念頭就此作罷了。

南師辭世後，方方面面都在舉行紀念南師的活動，作為南師最後定居和辭世之地的七都，自然也不能例外，才又一次激發了我舉辦「太湖國學講壇」的想法。覺得以一個可持續的文化活動的形式，來開展紀念南師的活動，可能更有意義和價值。且南師未竟的事業，也需要各自傳承，那麼作為與南師有著特殊淵源的地方，更應該做一些有意義的事情。我的這個想法很快得到了南師學生、子女等方方面面的理解和支持。於是有了此後三年連續舉辦的「太湖國學講壇」。

在每一年講壇主題的選定上，我們也注重聽取了各方的意見和建議。比如二〇一三年九月的首屆「太湖國學講壇」，我們側重紀念南師逝世週年，更多帶有緬懷和追思的成分在裡面。活動的主題選自一副對聯：「佛為心、道為骨、儒為表，大度看世界；技在手、能在身、思在腦，從容過生活」，選取其中的「大度看世界，從容過生活」作為主題。

第二年、第三年「太湖國學講壇」的主題，則分別對應了「孝為先」、「信為本」，目的是每次講壇明確一個具體的切入口，儘量避免內容的重複、交叉，努力使學者、嘉賓有話說，把道理說深說透，同時，又能與實踐相結合，與地方開展的「孝賢人物」和「誠信企業、個人」相結合。

至於「太湖國學講壇」這個名稱的選定，我們也有自己的考慮，就是要區別於各種「論壇」，側重內容為先，防止形式化、官僚化，所以是半官方、半民間性質的。並且從第四屆開始，講壇將逐步轉為由第三方獨立承辦，變成一個獨立運行的主體。以此保證它的學術性和可持續性，避免受地方政府智力支撐不夠和注意力轉移的影響。

我相信，我們所做的這些，也一定是南師希望看到的，因為這有利於社會正能量的傳播和傳遞。

南公堤文化長廊

西湖有「蘇堤」、「白堤」，蘇州有「李公堤」，太湖南岸有「南公堤」。

這是二〇一三年九月，地方政府為紀念南師逝世週年，將太湖南岸七都廟港段六點八公里長的太湖大堤，命名為「南公堤」，立碑以誌紀念，我們還在大堤的步道兩側，間隔布置了數十塊具有普世意義的「南師語錄」銘牌，使之增加了文化的內涵和教化世人的作用。此舉也得到了水利部門的支持和認可。能夠將一條普通的防汛大堤與南師結緣，成為一條文化大堤，堪稱美談。

南師初來太湖，首先走的就是這段太湖大堤，當他看到杉木參天、林蔭蔽日，不由得感慨：將來在這裡騎一頭毛驢，讀書育人，豈非快事。由此，也加快了他與七都（廟港）結緣的腳步。

當然，我們更希望「南公堤」不只是一個紀念名稱，而是具有活的內容的傳承，真正把大堤沿岸建設成一條文化長廊，成為一個特殊的文化載體。以太湖大學堂為代表，一批文化單位慢慢在這裡聚集。綠谷集團的「江村市隱」在此，劉老師、宏忍師等南師學生的「淨名蘭若」在此，登琨艷老師的「時習堂」在此。假以時日，我相信，南師所希望看到的傳統文化的繁榮局面，將率先在太湖邊的「南公堤」呈現。

「廬墓」三年

南師「視兒女為天下人，視天下人為兒女」和「公天下」的博大胸懷，傳為美談。就我個人而言，真正與南師近距離交往的歲月，雖只短短兩年略餘，但那份情感卻始終無法釋懷，每每半夜醒來，都有痛失親人的切膚之痛。

南師生前也給了我「家人」的禮遇，讓我可以享受「免通報」的優待，南師的家人和學生，也待我如親人，所有這些，讓我時時感受一份特殊的溫暖。

現在，當我每次踏入太湖大學堂，那熟悉的場景依舊，先生的話尤在耳，但斯人永去，那份傷感和痛惜，每每使人神傷。

斯人已去，物是人非。此情此景，讓人不捨，令人心酸。我在心裡默默下了決心，要效法古人，堅守七都，為南師「廬墓」三年。

當然，作為「公家人」，工作去留由不得自己作主。也因此，我專門向上級報告了自己的想法，既是考慮自己任內工作的延續性，也確有要在自己任內舉辦好南師辭世三週年紀念活動的想法在裡面。慶幸的是，我的想法得到了領導的理解和認可，也滿足了我的願望。

特別值得一提的，包括南師子女、劉老師等一眾南師學生，都表達了希望我可以在七都多留些日子的想法。能夠得到大家的認同，在我，也許是比提拔升遷更好的肯定與回報。我想，這也可能是我與南師的因緣未盡的緣故吧。

重走南師路

舉辦完南師逝世兩週年的紀念活動之後，我就在心裡給自己默默定下一個目標：在盡可能短的時間內，沿著南師曾經的足跡，重走一遍南師路。感受大師的成長歷程和博大胸懷。

二〇一五年四月六日，清明時節，我來到了成都文殊院，看望並拜訪了宗性法師。無須我多言，宗性法師似乎已知我的來意，親自陪同我拜謁了南師的靈骨舍利，並參觀了文殊院的鎮院諸寶。在方丈院的會客室內，宗性法師向我詳細介紹了當年南師在川康一帶的一些重要經歷，特別是他出關前後、發下「重續中華文化百年斷層」之宏願的情形。雖然此前早有耳聞，但身處其間，聽宗性法師娓娓道來，仍然感覺觸及靈魂。

二〇一五年十月九日，在南師辭世三週年紀念活動結束不久，我藉出差之便，參訪了廈門南普陀寺。此行一個重要目的，就是了解當年南師舉辦「南禪七日」的有關情形。幸得宏忍師推薦、聯絡，得到了南普陀寺方丈則悟法師的親切會見，他向我介紹了當年妙湛法師邀請南師前來南普陀寺，舉辦「南禪七日」的盛況，南師也由此踏上了回歸故土的重要一步。實地察看當年南師講學的禪堂，似乎一切近在眼前……

探訪南師故鄉

二〇一六年七月六至七日，在颱風「尼伯特」登陸前夕，我們一行數人驅車來到了南師的出生地——浙江溫州樂清，看望了南師留在大陸的兩個兒子——年屆八旬的南宋釧和南小舜兄弟，以及其他南氏後人。看得出，他們並未受父親的名聲所累，秉持優良的家風家教，過著質樸而充實的平靜生活。對我而言，這是一次「回家」之旅，也是一次「尋根」之旅。此行滿足了我多年未竟的一個心願：就是去南師的老家走走、看看。

在南師的出生地、成長地、幼時居學的井虹禪寺，以及南氏的宗祠、家廟，我努力地從中尋找、分辨南師的蹤影，感受大師誕生地的那份厚重與淵源。

南師曾經的足跡遍布祖國的山山水水，也曾經跨越大洋，遊歷海外，我雖無法一一涉足，卻希望能盡可能的多感受一二，以資慰藉。

後記

時間過得真快，轉眼已是二〇一六年的八月，南師四週年的忌辰快來到了，而我的這篇作業也終於在自己的拖拉中草草收尾了。都說慢工可以出細活，可我卻越來越沒有了動筆時的那份自信。

落筆之初，感覺想說的話千千萬，待到落筆已無言，才發現自己的文字表達能力之不堪，辭不達意，生怕交不好這份答卷，心裡越發惴惴。但我始終記得劉老師那句鼓勵的話：「用心去寫，只要能感動自己，就一定可以打動別人。」我想，至少我這樣去努力了，每一個文字背後都寄託著我對南師深深的感情。這樣的文字，是旁人無可替代的，也是容不得半點作假的。

二〇一六年春節前夕，去上海拜訪南師的一位學生——曾得南師蔭庇的上海東銀集團的陳萍董事長，受到陳先生及其家人的熱情接待，席間自然都是有關南師的話題。陳萍先生的一席話，讓我印象深刻。他說：「每一個親近過南師的學生，都會感覺南師對自己是最好的。」我也生出感慨：「每次大家只要談及南師，總有說不盡的話題。」言畢，我忽然意識到，這不就是我百思不得的書名嗎。以《說不盡的南懷瑾》為題，或許正可表達我對南師的那份無法言傳的思念和感恩。

在舉辦完紀念南師辭世三週年活動之後的這些日子裡，因為生怕漏掉自己記憶中的重要內容，每到夜深人靜，有關南師的點點滴滴，總會不自覺地冒出來，而我生怕第二天找不回來，索性在床頭放一本便箋，以便可以隨時記錄，有時直接在手機「備忘錄」裡記錄一二。一段時間下來，這樣的記錄、便條，竟有五、六十條之多，且不斷湧現在腦中，而這當然也不可能是我關於南師記憶的全部。我相信，不只是我，所有與南師有過交集的人心中，都有一個「說不盡的南懷瑾」。

雖然我努力想使自己的文字，盡可能的客觀公正、細緻詳實，但由於個人視角的局限、準備不充分，又兼全部文字是在工作之餘、忙裡偷閒、斷斷續續完成的，難免有錯漏缺憾。但若能讓大家從不同角度，對南師有更深、更真切的認識，於我心足矣！

二〇一六年八月二日

查旭東

附錄一

吳江各界「南懷瑾先生追思會」上的悼辭

文／查旭東

最尊敬的南老師：

此刻，站在您的遺像前，千言萬語湧上心頭，您的諄諄教誨言猶在耳，有太多的話想對您說，可無論怎樣表達，都不足以彌補我心中永遠的痛。

七月大學堂一別，說好改日再來，不料竟成永別。今天，我們在這裡追思緬懷您的道德、事業，您畢生致力於弘揚中華傳統文化的道德人格、身體力行宣導改進教育、教化人心的崇高風範，居功至偉。

您一生習武尚文，從軍執教，貫通中西，著述等身，把深奧的道理說得簡單明瞭，妙語自成一家，是當之無愧的儒釋道大師，當代中國的精神導師。

您這樣一位飽經滄桑、歷經世事變遷的世紀老人，在一九九八年初識七都（廟港），為這裡遠山近水的開闊氣勢、獨特的歷史文化底蘊所吸引，二〇〇〇年，您以八十三歲高齡，決定在這裡興辦太湖大學堂，實現自己濃縮東西精華、傳播國學文化的心願。

二〇〇六年，太湖大學堂建成，您便長年定居於此，八十九歲開始結廬授課堪稱佳話，六年來，您以九旬高齡，公開授課五十餘次，受教者無數；一年三百六十五天，讀書修行育人，從無懈怠。

在太湖大學堂，國學文化薪火相傳。七都（廟港）則有幸成為您實踐心願之地，同時，藉由您的影響，沉澱著這一方水土的歷史文化，將您的文化精神實踐於社會發展之中，為地方的發展帶來深遠的影響。

您對這一塊土地上的歷史文化淵源十分瞭解和重視。您說過，這裡曾是吳文化的一個中心，佛家思想、儒家文化興盛，對於七都在傳承這些優秀文化上的作為，您也都給予了最積極的支持。

二〇一一年，七都鎮以區域內優秀文化、自然生態資源，建設太湖浦江源國家水利風景區，您聞訊十分欣喜，不僅親筆題寫景區名，而且為景區的定位出謀劃策——希望能將七都（廟港）的傳統文化資源進行挖掘與整理，使其在現實中得以傳承與弘揚。對於今年五月以來七都鎮開展的推選「七都孝賢」活動，您更給予了高度的關注和評價，認為這是傳統文化在新時代中的實踐與發揚，意義深遠。

您「上下五千年，縱橫十萬里，經綸三大教，出入百家言。」而最令人起敬的，除了您廣博的學問，還有您濟世的理想。您說，不要把儒釋道只當作學問，最要緊的是做實修的功夫。

二〇一二年，七都鎮決定恢復重建曾經的太湖文化標誌之一：老太廟文化廣場。在這個文化廣場中，將實現吳文化、太湖文化、宗教文化融為一體，集中展示。這個廣場，作為一個人文文化的載體，將啟發人們效法先賢，從我做起，點亮自己，照亮別人，共同建設美好家園與社會。

而這樣一個文化項目，正是在您的大力支持與推動下，才得以順利實現的。您親自關心指點老太廟文化廣場的選址、設計，親筆為「老太廟」題字，更捐出十八畝土地用作老太廟文化廣場核心區建設，又派出國際知名大建築師登琨艷先生，為老太廟文化廣場做義務的建築設計。特別是您和太湖大學堂的同學們共襄盛舉，還為廣場建設捐資三百五十萬餘元，其中更有您自己一百萬元的稿費。您曾對我說：「哪怕只有一塊錢，你也可以開始動工了，我會全力支持你。」

您曾說，自己既不是浙江的，也不是吳江的，而是屬於中國的。您的博大胸懷和偉大人格，非我輩所能仰止。六年來，您在七都（廟港）的日日夜夜，影響著這塊土地，也影響著這塊土地上的每一個人。

您的辭世，是中華民族的巨大損失，更是七都人民的永遠之痛，您暫時離開了我們，而您的精神與事業永存！

您的「小老弟」查旭東

附錄二

讀《創業的國度》所想到的

文／查旭東

以色列以一個彈丸小國所創造的經濟奇蹟，確實值得研究和分析，而這本《創業的國度——以色列經濟奇蹟的啟示》（作者：【美】丹・塞諾〔Dan Senor〕、【以】索爾・辛格〔Saul Singer〕）無疑給出了很多有益的啟示和答案。而我們——發展中的中國，似乎能夠總結、也有很多人樂於總結的發展經驗俯拾皆是。俗話說，他山之石可以攻玉，換個角度看自己，換一種思維方式或許可以得到更多有用的啟發，這是我讀這本書時，首先想到的。

作者開宗明義：這是一本關於創新和創業精神的書。掩卷而思，我認為：其不竭的動力來源於猶太民族獨特的文化和其惡劣的生存環境，而這恰是我們中華民族可以借鑒和學習的。

其一，關於文化。當我們中國的「專家學者」一派歌功頌德，陶醉於「世界第二」的經濟奇蹟，似乎中華民族的偉大復興指日可待的時候，其實我們的國家、我們的民族，已是物欲橫流、人情冷漠、危機四伏，沒人認真研究我們失去了什麼，我們更應該重視些什麼，而文化的缺失，精神的頹廢，信仰的迷惘，這些恰是當下中華民族最需重視的當務之急，也是我們缺乏持久競爭力的根源所在。國學大師南懷瑾先生在談及以色列以及猶太民族時說，即使沒有以色列這個國家，只要有猶太民族在，它也永遠不會滅亡的。相反，一個貌似強大的國家，如果沒有屬於自己的民族文化，其衰落也只是遲早的事情。反觀我們的國家，伴隨經濟的快速發展，卻是文化的匱乏、信仰的缺失、（道德）底線的喪失。這樣的發展，說到底是無法走遠，也是不可持續的，更是危險的。今天，我們提出要注重社會管理的創新，提煉社會主義的核心價值觀，但是要避免急功近利，因為文化的回歸和精神價值觀的重建，不是一朝一夕的事情。更要命的是，過去我們迷信「西方的月亮也比中國的圓」，現在又期待找到一個濟世良方，能包治當今社會的百病，殊不知，當我們眼睛盯著海外，盼著天上掉餡餅的時候，卻忘了老祖宗留給我們的寶貴文化財富，那才是真正意義上的傳家寶貝，那就是我們優秀的中華傳統文化，中華民族的真正精華所在。現在我們的小孩從牙牙學語就要開始學習英文，到大學畢業卻不會好好地寫祖宗留給我們的方塊字，更不要奢談瞭解多少國學精髓。這方面，南懷瑾先生，一個世紀老人，本著「出世的態度」，做著「入世的事業」，以弘揚國學為己任，更一語中的地指出，「五四」新文化運動以來，打開了我們看世界的視窗，卻也關上了我們與老祖宗對話的大門。豐富的文化寶藏，因今人那點少得可憐的文言文功底而被束之高閣，在我們以「無知無畏」的心態批判傳統文化的不合時宜時，殊不知，我們所瞭解的傳統文化真的連九牛一毛也不及。一個不尊重自己歷史和傳統的民族是沒有希望的，從這個意義上，我們真應該向以色列這樣的國家民族學習，可以亡國，卻不能亡文化、亡精神。好好地從孩子們抓起，把祖宗留給我們的寶貴文化精神代代相傳下去，才對得起、配得上炎黃子孫的稱號。

其二，關於生存環境。以色列建國只有短短幾十年，卻始終處在周邊充滿敵意的阿拉伯世界的包圍之中，與生俱來的憂患浸入到這個國家民族的每一個人心裡，也正是這樣的憂患意識讓他們有了不屈不撓、用之不竭的精神動力。此外，飽經磨難的猶太民族，對自己的國家倍加珍惜。什麼叫同仇敵愾，什麼叫眾志成城，什麼叫生於憂患、死於安樂，以色列這個國家和民族，給出了最好的回答。同樣，翻開我們中華民族的近代史，就是一部凝聚著血和淚的屈辱史、災難史，如果說災難可以凝聚人心，那災難過後又靠什麼來凝聚人心？答案應該就是一個民族始終保持一種憂患意識，憂患可以催人奮進，而今天的中國人似乎正缺少這樣的憂患意識，並且這樣的憂患意識，不應只是少數精英階層的「專利」，而應該是全民族、全體國民的一種共同意識，這方面以色列做到了。反觀我們的國人呢？自私、狹隘、勢利、鑽營，充斥在我們社會生活的方方面面，而在國家觀念、民族意識等方面，則充滿了莫名其妙的優越感和急功近利的功利主義。如果一定要找到一個參照物才能警醒我們的國民，其實我們的生存環境並不樂觀，且不說美國為了長久保持其霸主地位，以它的「硬實力、軟實力和巧實力」，對發展中的中國進行全面的「圍剿」，即便我們的近鄰們，也不願意看到一個強大的社會主義中國近在咫尺，更何況，我們還有海峽兩岸如何統一的問題沒有解決。我們的內部也並不太平，地少人多、地區差異、民族矛盾、資源短缺等等，每一樣都制約著我們，困擾著我們，也考驗著我們的能力和智慧。所有這些，都不能指望個別英雄領袖或少數專家精英來輕易解決或化解，需要的是整個中華民族和全體國人共同保持一份長期的憂患意識，進而轉化為創新、創業的不竭動力和力量源泉。

無論文化的回歸還是憂患的確立，均非一朝一夕之功，也許需要幾十年甚至幾代人的努力，對於我們的政府、政黨和社會精英們，並非無可作為，更應該擔當起教化民眾積極好學、知恥知禮知止，培養正確的價值觀、榮辱觀和敬畏心，確立起時不我待、只爭朝夕的危機感和憂患意識來。持之以恆，我相信，我們的民族才能真正地實現它的偉大復興。

附錄三

在首屆「七都孝賢」表彰儀式上的致辭

文／馬宏達

孝行天下，德配千古

（二〇一二年九月四日）

尊敬的父老鄉親們：

大家好！

首先，我謹代表南懷瑾老先生和太湖大學堂全體同仁，對老太廟文化廣場奠基儀式暨「七都孝賢」表彰活動，致以最誠摯的祝賀！

今天，由七都公眾推舉的孝道賢人們，在此集體亮相，接受七都鎮黨委政府代表全鎮公眾的隆重表彰，並且集體為老太廟文化廣場奠基剪綵，這個活動非常特別，值得寫入七都鎮、吳江市乃至整個環太湖地區的歷史。為什麼這樣說呢？

眾所周知，百年以來，中華文化，在國際國內的風雲變亂中，被破壞得七零八落，命如懸絲。時至今日，教育與文化的迷惘、道德與風氣的混亂，使得各種社會問題層出不窮。可以說，我們社會中的每一個人，都深深感到切膚之痛。埋怨、無奈、迷惘、不信任、不耐煩甚至激憤的情緒，在社會中氾濫。但與此同時，希望、求索、重建美好社會的願望，也越發強烈和急迫。

有句話說，「十年樹木，百年樹人」，這是講文化教育培養合格人才的不易。而中國近百年來在文化教育方面是一片亂象，使得我們的社會要培養出合格的頂天立地的人，就更是數倍的艱難。

我們究竟從哪裡入手呢？從哪裡入手改善我們的社會，改善我們的國家呢？

所謂社會，是由個人組成的。每個人、每個家庭，都是社會的基本細胞。因而社會的問題，文化教育的問題，我們每一個人，每一個家庭，都有責任，而絕不僅僅是學校或政府的責任。所謂國家、政府，也是由一個個活生生的人組成的，其中的每個人，也都有其不可推卸的相應責任。

因此，大家的事，要大家來辦。大家的問題，要大家來解決。每個人，都可以出一份力；每個人，都應該盡一份心。點亮自己，自然會照亮別人。如果每個人能夠從我做起，從當下做起，隨時隨地改善自己的心態與行為，為教育自己、建設家庭、建設良好的社會國家，各自盡心盡力，那麼，我們的社會與國家，將會迅速改善，我們今天的社會理想，就會變成明天的社會現實。如果相反，我們僅僅是抱怨、埋怨，僅僅是寄希望於他人改善、社會改善、政府改善，而不能從改善自己做起，那就如同每一支蠟燭都希望別的蠟燭點亮，卻不點亮自己一樣，終究還是一片昏暗。

可喜的是，七都（廟港）——這個曾經有著優秀歷史文化的太湖古鎮，在廿一世紀初的今天，又重新張揚起人文文化的正氣，號召公眾推舉孝道賢人，並且恢復重建太湖文化的標誌——老太廟文化廣場，這兩件事，都是在新時代繼承優良傳統文化的標誌性大好事。

俗話說，「百善孝為先」，孝敬父母長輩，是人之所以為人，區別於禽獸的第一個標誌。一個盡心盡力孝敬父母長輩的人，必定成長為一個具有深沉情懷與厚道人格的人，必定成長為一個勇於擔當和承受苦難的賢德之人，必定成長為一個與人為善、誠懇待人、有禮義廉恥之人，也必定成長為一個使人受益的好公民、好同事、好朋友、好鄰居。

曾子說：「自天子以至於庶人，壹是皆以修身為本。」誠哉斯言！不論是家庭、學校，還是社會、國家，在廣義上，最好的教育，永遠是以率先垂範身教言傳的潛移默化，來影響啟發別人自覺改善自己，好好作人，好好做事。而以管理和傳授知識為本的教育，已經捨本逐末，屬於教育的外圍了。

今天這八位孝道賢人，他們不是教育家，而是普通的群眾，但是他們以克盡孝道的行為，自然成為社會的榜樣。他們點亮了自己，也自然照亮了周圍的人。今天，他們又照亮了整個七都，也必將照亮即將知道他們事蹟的每一個人。在向他們致敬、為他們深深感動的同時，我們每個人是否也應捫心自問，問問自己做得怎樣，問問自己，是否也可以為自己、為家庭、為社會、為國家，做些什麼有益的改善。

每個人的心，如同一塊心田。如果不去勤奮耕耘，種上好的莊稼，而是任憑雜草叢生，那絕對不會有好的收成。每個人的人生，也是一塊需要好好耕耘的田。我們的社會國家，則是需要每個人來好好耕耘的田。這塊田的狀態怎樣、收成如何，要看我們每個人，在上面種植了什麼，又荒蕪了什麼。

如果說，孝道是親情反哺。那麼，助人為樂，就是社會中普通人與人之間的美德。今天奠基修復的老太廟，之所以曾經在古代那樣的輝煌紅火，不僅太湖流域的人們紛紛來參拜，而且得到蘇州府、湖州府的隆重禮遇，決不僅僅因為元明兩代皇帝敕封邱老太爺為侯為王，更是因為近千年以來，太湖流域的民間，都相信邱老太爺父子，一直保護著太湖人民，每當在太湖上遇到危險時，人們都會求助於他們，相信他們會及時出手，助人為樂。古話說，「聰明正直，死而為神」。人們供奉的似乎是神，但是神由人作，人們心中真正尊敬供奉的，實際是人格高尚、對社會大有貢獻的人。

今天，對老太廟決不是簡單的恢復，而是以「老太廟文化廣場」為載體，包容進去很多了不起的人文文化，其中有吳國的祖先——聖人吳泰伯的文化精神，有佛菩薩慈悲與智慧並重的文化精神，有被奉為財神的商聖范蠡的文化精神，有吳國歷代賢人的文化精神，還有以邱老太爺父子助人為樂為代表的太湖文化精神。

老者考也，太者大也，經過眾多考驗而成就偉大人格者，才有資格稱為「老太」。今日重建的「老太廟」，其中的「老太」，不僅僅是保護太湖流域人民的邱老太，更是吳國的聖人祖先吳泰伯，是吳國諸位了不起的聖賢，他們代表著為世人所崇敬的偉大人格與偉大貢獻。因此，他們有資格受到人們永遠的尊敬與懷念，他們的人格風範與偉大功德，永遠垂範世間。因此，老太廟文化廣場，對於七都鎮乃至整個環太湖地區的人們，乃至整個古代吳國的範圍，都有著重樹偉大人格榜樣以教化社會的重要歷史文化意義。

為此，太湖大學堂的校長——九十五歲高齡的南懷瑾老先生，不僅親自關心指點老太廟文化廣場的籌建，親筆題寫了「老太廟」的名字，而且還捐出十八畝土地指標用作老太廟文化廣場核心區建設，又派出國際知名大建築師登琨艷先生，為老太廟文化廣場做義務的建築設計。此外，南懷瑾老先生和太湖大學堂的同學們，還為此捐出了共三百五十萬餘元人民幣。其中一百萬元，是南懷瑾老先生的稿費，他老人家說：這筆錢，是讀書人心血換來的乾淨錢，雖然不多，但也希望為此地人民的福祉與文化建設，盡一份綿薄之力。

大家捐款不論多少，哪怕是一塊錢、五塊錢，或者出人，或者出力，都是一份寶貴的心意和功德。我們希望這個文化廣場，作為本地人文文化建設的載體之一，不斷地啟發影響人們，以聖賢為榜樣，人人從我做起，點亮自己，照亮別人，共建美好社會與美好家園。

今天這兩個活動，是本地人文文化重建與發揚光大的奠基與起點！

讓我們對這裡的未來，致以最美好的祝福與祝願！

謝謝大家！

附錄四

佛門楹聯廿一幅（南懷瑾）

1.人生是夢　說夢那知仍囈語
世間多假　弄假誰能不當真

2.色即是空　空即是色　看的破而放不下
善有善報　惡有惡果　講的好而做不來

3.殿上有佛　心中有佛　佛佛道同　心心相印
悟時非我　迷時非我　人人無我　處處圓融

4.生老病死苦　幾個修行能免得
柴米油鹽醬　多少奔波忙一生

5.求佛法於他方來世　無奈尋牛皆覓跡
問果報於生前死後　可憐貧子失衣珠

6. 揮手出紅塵　一卷金經　若坐若臥觀自在
將心向明月　兩間淨境　不來不去法王家

7. 佛是過來人　世味究如何　悟澈何妨常念佛
心非空有相　道情原若此　皈依還是本來心

8. 如是我聞　信受奉行　幾個真能做得到
著衣持鉢　洗足敷座　算來誰向此中修

9. 山深林密　水淨沙明　猶是法塵非大覺
風來竹面　雁過長空　何須清淨覓真如

10. 草味洪荒　留得五嶺山川　稽首星雲開勝境
紅塵擾攘　對此三台明月　照人甘露證禪心

11. 諸惡莫作　眾善奉行　此話人人只會說
有求皆苦　無欲則剛　奈何個個盡迷途

12. 恩怨纏緜　如藤倚樹　樹倒藤枯留刻畫
是非紛擾　若膠著色　色消膠化印空泥

13. 三世因果　六道輪迴　須是真心信得過
一靈不昧　四大本空　不勞禪靜假中觀

14. 入此門中　清淨但如初住地
饒他浪走　紛紜忽覺自回頭

15. 回首依依　酒綠燈紅　歌舞繁華　大夢場中誰識我
到此歇歇　風清月白　梵唄空靈　高峰頂上喚迷徒

16. 佛法是機緣　何須用德山棒　臨濟喝
禪門原澹泊　只有些雲門餅　趙州茶

17. 竹自空心　人要實心　綠竹猗猗宣道諦
塵世無常　修行須常　紅塵滾滾證禪機

18. 山長　水遠　路轉　林深　誰識得對境無情休問道
風吹　草動　月駛　雲飛　那知是迷心逐物轉淒迷

19. 在山泉水清　出山泉水清　即是如來大乘道
有所謂也錯　無所謂也錯　安心本分祖師禪

20. 月白風清　山還是山　水還是水　誰說禪門有別境
雲行雨施　善有善報　惡有惡果　須知我佛在心田
21. 體相用　變現法報化　三界三身　權實盡從分別起
空有中　儼然你我他　六塵六識　因緣那自問心來

附錄五

老太廟重建碑記

三吳名區，萬頃太湖領其勝。七十二峰林立於北，七十二港並流於南。浩茫間臨風而立，曠古之情，釋於襟懷，念天地間萬事萬物，無非一瞬，不朽者唯有助生民之善念耳。此老太廟所以受祀營立，其意一也。老太者邱老太爺也，子孫各一人，其年代里籍，誌乘語焉不詳。或云明萬曆間，邱老爺敕封「平沙侯」，進「平國王」，時名頗盛。民呼老太為「邱瘌痢」，具區漊港之間，凡有困厄危難者急呼其名，老太即能使之化險為夷。傳聞神蹟甚多，口碑累世不絕，崇信者遂奉邱氏闔家為神祇，以仙龕祀之，題曰「邱老太廟」。清乾隆《震澤縣誌》載，廟初建於元至正四年，為五都選勝。此地北枕笠澤，風物清嘉，一港一廟，民風淳樸。明清以降，「邱老太廟」歲為閭里贊饗，民意向善使然也。辛卯（二〇一一年）秋，地方賢達聚議原址重修，以承前賢德慧。是年冬，先期籌劃初定，並呈報蘇州市吳江區民政局，成立「吳江區老太廟服務中心」，斯役遂獲展開。壬辰（二〇一二年）春，「老太廟文化廣場」建設計劃，付蘇州市吳江區七都鎮第十六屆人民代表大會商討通過。時南懷瑾先生尚講學湖畔，於重建工程，關懷備至，捐贈用地十八畝，力促玉成。設計諸事則啟請台灣著名建築師登琨艷先生，觀諸藍圖，新址占地三十一畝，大旨莊嚴靈秀。癸巳（二〇一三年）秋，地方禮聘中國佛教協會理事、成都文殊院方丈宗性法師為「老太廟籌建委員會主任」。同期，蘇州市民族宗教事務局批准「老太廟文化廣場核心區域」為固定宗教場所。至此，萬事俱備，眾心合一，建設事宜進圖，群力相趨，具體而微。未幾，則德澤殿、大雄寶殿、講法堂及偏殿，鳩工竣事在望矣。日月繼往，人事代謝，天地大德曰生，而生民之德莫大於善。由是而論，「老太廟」必能長存，因泐石碑記，以告來者。

說不盡的南懷瑾

建議售價・200元

作　　者・查旭東
出版發行・南懷瑾文化事業有限公司
　　　　　網址：www.nhjce.com
董 事 長・南國熙
總 經 理・饒清政
總 編 輯・劉雨虹
編　　輯・古國治　釋宏忍　彭　敬　牟　煉
記　　錄・張振熔
校　　對・王愛華　歐陽哲
代理經銷・白象文化事業有限公司
　　　　　台中市402南區美村路二段392號
　　　　　經銷、購書專線：04-22652939　傳真：04-22651171
印　　刷・基盛印刷工場
版　　次・2017年4月初版一刷

設計編印
白象文化
www.ElephantWhite.com.tw
press.store@msa.hinet.net
總監：張輝潭　專案主編：吳適意

國 家 圖 書 館 出 版 品 預 行 編 目 資 料

說不盡的南懷瑾／查旭東著．--初版.--臺北市：南懷瑾文化，2017.04
面：　公分.
ISBN 978-986-94058-4-3（平裝）
1.南懷瑾　2.傳記
783.3886　　　106002683